資源と経済の世界地図

THE WORLD ATLAS OF RESOURCES AND ECONOMIES

不動用武器的戰爭

資源、貿易、數據

交織全球經濟大戰略

Suzuki Kazuto

鈴木一人

李建銓——譯

繁體中文版作者序

資源與經濟的世界地圖

解讀現代資源與經濟的世界地圖之際，台灣已成為不可或缺的存在。台灣擁有具全球競爭力的半導體晶圓代工產業，同時也生產AI伺服器。因此，台灣被視為第四次產業革命的新產業時代中，核心產品的製造基地。台灣的半導體產業被稱為「矽盾（Silicon Shield）」或「護國神山」，確實在全球供應鏈中具有「戰略不可替代性」，沒有台灣，下一代產業將難以持續發展。

這種「戰略不可替代性」，將台灣推向資源與經濟世界地圖的中心。雖然台灣沒有條約上的盟國，但由於擁有對世界經濟不可或缺的技術和生產能力，保護台灣成為許多國家的利益所在。同時，東亞秩序的穩定對世界經濟秩序的穩定也變得不可或缺。這便是台灣的「地緣經濟學力量」，亦是抵禦外敵的手段。

然而，正如本書所論述，這種不可替代性只有在經濟合理性發揮作用時才有效，有時政治合理性會凌駕於經濟合理性之上。在這種情況下，即使在經濟層面不合理，仍會有不少國家對台灣發動經濟威脅。這是因為台灣在地緣經濟學上是脆弱的國家。台灣的能源和糧食依賴進口，且只擁有兩千五百萬人的相對較小市場。這意謂一旦通往台灣的海上交通被阻斷，台灣將難以維持經濟活動。

阻斷海上交通的憂慮主要來自中國可能實施海上封鎖。由於中國視臺灣為其領土的一部分，認為臺灣海峽兩岸的行動屬於「國內事務」，可以避免外國干預，因此可能會將海上臨檢或海上交通阻斷視為國內問題處理，藉此規避國際干預與國際法的適用。特別是二〇二五年川普政權二度上任後，即使中國採取強制性行動，也無法保證美國會提供援助。

即使中國不使用武力，對於透過ＥＣＦＡ而增加對中國市場依賴的臺灣來說，若中國停止進口臺灣產品，進行經濟威脅，臺灣經濟將陷入困境。中國已在鳳梨等農產品上，利用臺灣的依賴關係將經濟武器化，未來可能進一步對臺灣企業施加限制與壓力，或停止進口臺灣的半導體等工業產品。此外，中國也可能透過管制臺灣依賴中國的重要礦物或半導體原材料，達到「武器化」的目的。

在這樣的情況下，臺灣必須採取各種經濟安全保障措施。一方面需要儲備脆弱的能源和糧食，推動供應鏈多元化，另一方面，也必須增加臺灣產品和農產品的出口市場。畢竟，對手是以併吞臺灣為最終目標的中國共產黨，以及懷抱這個夢想的習近平主席。即使承受經濟損失，對方也可能對臺灣施加經濟壓力，試圖在不使用武力的情況下併吞臺灣。

因此，本書扮演的角色極為重要。我們必須理解當代國際政治經濟秩序的原理，並在政策上做好準備。在這方面，已經開始實施經濟安全保障戰略的日本案例，考慮到同為島國且能源和糧食都依賴他國的情況，對臺灣而言可能具有參考價值。尤其是日本所推動的措施中，政府一體化的做法尤為重要。日本的經濟安全保障推進法設立了專責大臣，由內閣官房擔任指揮中心，梳理政府各部門的脆弱點，並在加強供應鏈和關鍵基礎設施保護方面發揮主導作用。同時，日本也透過補助金和稅收優惠等措施，推動培育戰略自主性和戰略不可替代性的計畫。

另一個值得參考的日本經驗是建立了官民戰略對話機制。如本書所討論，當今世界，他國將經濟「武器化」時，首先受到影響的不是政府，而是民間企業。當無法進口或出口受限時，企業將首當其衝受到影響，為了拯救企業，政府可能被迫屈服於他國的經濟威脅。因此，政府需要與企業持續對話，共享戰略目標。藉此改變企業依賴特定國家的情況，使企業理解不僅是國家安全的問題，即使需要花費成本，企業自身為了規避風險也必須加強供應鏈的韌性。因為企業往往只看短期利益，而忽視可能增加的中長期風險。

然而，從地緣經濟學角度來看，臺灣仍處於有利地位。擁有其他國家沒有的能力，具備戰略不可替代性，形成對其他國家的嚇阻力。未來臺灣需要做的是，利用這種不可替代性作為槓桿，強化自身安全保障，並建構地緣經濟戰略，將其轉化為對他國的影響力。若本書能在上述戰略構建中有所貢獻，將是意外的喜悅。

鈴木一人

目錄

繁體中文版作者序 003

序 章 備受矚目的「地緣經濟學」 015

◆使世界經濟成為單一市場 017

◆中國利用經濟實力施壓 019

◆經濟治略催生出「國際政治經濟學」 021

◆為何被稱為「不動用武器的戰爭」 023

◆從國際政治經濟的角度眺望世界 026

第1章 世界資源的現狀與「相互依存的陷阱」 031

◆油價與物價高漲的起因 033

◆資源價格飆升，制裁俄羅斯讓歐洲慘遭「反噬」 036
◆貿易關係進入「政治風險」的時代 038
◆全球化、自由貿易中隱藏的「陷阱」 040
◆第一個陷阱：「市場經濟能促進民主化」的錯誤迷思 043
◆第二個陷阱：無法完全脫鉤的供應鏈 045
◆第三個陷阱：切斷相互依存關係將遭到反噬 048
◆制裁能否削減俄羅斯的戰意？ 051
◆「脫俄」的能源政策並未奏效 055
◆比禁運更有效的制裁 057
◆俄羅斯不得不以超低價拋售原油 059
◆中國下令「禁止輸入日本水產品」也屬於「經濟制裁」 061
◆戰略物資與技術不應依賴敵對勢力 063

第2章 中東局勢與能源問題 067

◆資源、能源問題與中東局勢密切相關 069
◆實現供應來源多元化的阻礙 071
◆以色列的反擊進一步衝擊能源市場 073
◆援助哈瑪斯的全球主要產油國——伊朗 074
◆伊朗的動向對資源市場影響甚大 078
◆真主黨不會擴大衝突 080
◆接受伊朗援助的胡塞武裝組織 082
◆封鎖紅海導致原油價格上漲 084
◆繞行好望角導致燃料成本激增 085
◆以色列、美國對伊朗的外交政策成為關鍵 087
◆對伊朗的金融與原油施加制裁 088
◆影響伊朗精英階層的「針對性制裁」 090

◆針對伊朗運輸核彈手段的處置 095
◆專家詳查伊朗規避制裁的手段 098
◆企業在伊朗或美國之間被迫二選一 101
◆歐盟實施單邊制裁導致伊朗孤立無援 104
◆美國前總統歐巴馬推動「無核化世界」 107
◆透過「回彈機制」恢復對伊朗的制裁 111
◆對伊朗大幅讓步的結果 115
◆伊朗核協議與聯合國安理會第二二三一號決議是里程碑 116
◆禁止伊朗輸出原油並不會造成油價高漲 118
◆川普單邊制裁促使伊朗加速開發核武 121
◆追加制裁導致糧食和醫療用品庫存短缺 123
◆即使如此，遭受制裁的伊朗經濟仍維持穩定 124
◆伊朗控訴歐洲「嚴重違約」 126
◆伊朗 vs 沙烏地阿拉伯，產油國之間的一時對立 127

◆原油設施遭受襲擊導致供給量遽減 131
◆「伊朗能夠在十二天內製造出核彈」 133
◆中東掀起「反以色列」浪潮 137
◆日本應發揮獨特立場打破僵局 138

第3章 透過戰略物資半導體觀察經濟安全

第3章 透過戰略物資半導體觀察經濟安全 141
◆口罩、疫苗、半導體成為與資源匹敵的「戰略物資」 143
◆半導體成為「戰略物資」的因素 146
◆強化對中國半導體出口的管制 149
◆半導體種類繁多 150
◆未被納入全球分工體系的中國 152
◆「目前」無法製造先進半導體的中國 156
◆半導體的地緣政治意義日益重要 160

◆經濟治略的四種類型 165
◆明確告知「敵人」的宣示效果 168
◆經濟治略手段不僅限於經濟強國使用 171
◆讓經濟治略發揮效果的三種條件 172
◆走私、海上轉運與第三國貿易 176
◆經濟治略與經濟安全的差異 178
◆全球供應鏈的自律規範 179
◆經濟治略的四種對策 180
◆「二十一世紀的石油」——數據與半導體的關係 183
◆中國引進研究人才的「千人計畫」 185
◆日本能否發揮「戰略不可或缺性」？ 188

第4章 國際秩序與自由貿易 191

◆國際秩序是「憑實力」還是「講規矩」？ 193
◆聯合國無計可施 195
◆安理會常任理事國的俄羅斯發動侵略 196
◆美國背離國際合作路線 199
◆疫情期間世界衛生組織對中國態度不夠強硬的原因 200
◆全球衝突難以收拾的局面 204
◆中國散播假訊息之目的 205
◆機密情報管理的檢討 207
◆「俯瞰全球的外交戰略」 209
◆利用四方安全對話強化供應鏈 211
◆成立跨太平洋戰略經濟夥伴關係協議不是為了「圍堵中國」 213
◆日本承擔的責任 217

終　章　從資源、戰爭、貿易等視角掌握世界全貌 221
對談　細谷雄一Ｘ鈴木一人
◆為何國際社會的根基開始動搖？ 223
◆世界局勢愈是複雜，國內政治愈是單純 227
◆安理會常任理事國的俄羅斯發動侵略 231
◆「怪物」存在帶來的團結 236
◆這個時代需要勇敢英明的領導者 238
◆美中俄三大國都不願為國際秩序承擔責任 241
◆秩序就是講求「恪守本分」 245
◆如何審時度勢？ 249
後記 254
參考文獻 257

序章

備受矚目的「地緣經濟學」

使世界經濟成為單一市場

在國際政治學中，有關外交、軍事、安全、經濟等議題，長期以來一直被區分為「高階政治（High Politics）」和「低階政治（Low Politics）」兩個領域。所謂「高階政治」，是指涉及軍事、外交與國家安全保障的政治事務；「低階政治」則是指涉及通商、貿易、貨幣等經濟關係的政治交涉。這兩個原本分別發展的領域，在一九七〇年代的石油危機之後，被整合成「國際政治經濟學」學門。

石油危機起因於第四次以阿戰爭（贖罪日戰爭），當時阿拉伯國家對以色列友好國家實施原油出口禁令，原油價格在短短三個月內暴漲至四倍。那時，日本有約八成原油依賴從中東進口，人們開始擔心石油價格暴漲與產品供應短缺，因此發生了搶購衛生紙之類的恐慌，社會一片混亂。

第二次世界大戰後，不僅是原油，所有商品都能在各國間自由交易，這也成為世界秩序的基礎。

特別是從一九八〇年代開始加速的全球化，不僅促進貨物流通，也活化了資本的流動。生產成本較高的已開發國家，開始把生產據點轉移到生產成本較低的開發中國家，於是出現了「產業空洞化」的現象；開發中國家受惠於此，多數社會階層所得隨之提高。

為了把遍布全球的生產據點連結起來，《關稅暨貿易總協定（GATT）[1]》轉型為世界貿易組織（WTO）[2]，進一步推動自由貿易的發展。

隨著WTO成立，各種雙邊與多邊自由貿易協定相繼締結，國際間的分工體系也就此確立，全球化供應鏈的生產模式由此展開。

例如，在製造一輛汽車時，半導體來自台灣，顯示器來自中國，車體零件來自泰國，最後日本汽車製造商才真正生產出一輛汽車，這樣就成為足以降低成本和發揮強項的生產最佳化模式。

為了進一步支持這種生產最佳化模式，國際社會與各地區也構築出《跨太平洋戰略經濟夥伴關係協定（TPP）[3]》、《區域全面經濟夥伴協定（RCEP）[4]》等自由貿易區，主張「在這個框架下降低或免除關稅」。跨國境貨物貿易將產生關稅，可能阻礙全球化發展，這些組織就開始推動免除關稅，朝著「使世界經濟成為單一市場」的方向邁進。

然而，進入二十一世紀之後，「世界經濟朝向單一市場演變」，亦即作為全球化及自由貿易理念和基礎的國際秩序已開始動搖。

中國利用經濟實力施壓

隨著全球化進展，生產成本較高的已開發國家，雖然繼續生產高附加價值的產品，但是低附加價值的量產化產品，則轉向由生產成本較低的國家生產。在此趨勢中受惠的大多是開發中國家，而中國更被稱為「世界工廠」。

由於中國擁有優質勞動力，且薪資低廉，再加上經濟特區等優惠政策利多，不僅吸引眾多企業設廠，也為中國經濟成長帶來助力，讓中國搖身一變成為巨大市場。

1　一九四七年簽署的關稅暨貿易總協定／General Agreement on Tariffs and Trade
2　世界貿易組織／World Trade Organization
3　跨太平洋戰略經濟夥伴關係協定／The Trans-Pacific Partnership
4　區域全面經濟夥伴協定／Regional Comprehensive Economic Partnership

中國在二〇〇一年加入WTO之後，得以完全整合現代生產系統，以「世界工廠」之姿，挾著巨大市場，在國際經濟舞台上扮演核心角色。這不僅讓日本製造業受到影響，全球製造業也都把中國當作生產據點和零組件供應地，最後還將中國變成商品主要消費市場。

隨著中國成為全球化供應鏈的一員，與世界市場的關係緊密相連，中國便開始以「經濟大國」和「軍事大國」自居，自信滿滿地在國際社會中提高聲量與話語權。以美國為首的已開發國家，原本以為把中國帶入全球市場、提高生活水準後，會讓中國了解到資本主義的優越性，進一步將政治體制改為民主制度。然而事與願違，中國享受市場經濟帶來的紅利後，始終未能自發性改變政治體制。

更有甚者，中國不僅以東亞、東南亞為中心，逐漸擴大影響力，更將勢力擴張至南海、東海，對香港也是用盡暴力手段，讓「一國兩制」形同虛設，而且還頻繁發表統一台灣的言論，企圖影響國際秩序。

中國為了藉由這些行為達到政治目的，也利用經濟實力對他國施加壓力。事情的開端，要追溯到二〇一〇年，中國漁船在釣魚台列島海面衝撞日本海上保安廳巡邏船。中國船長被日本逮捕後，中國對日本實施稀土出口禁令，逼迫日本政府釋放船長。由此可見，中國把自己的經濟實力拿來當作影響外交事務的手段。

直到近年也有相關實例，當澳洲主張世界衛生組織（WHO）[5]應介入調查新冠病毒起源，中國採取禁止進口澳洲農產品和鐵礦的措施，此舉證實中國的確會利用巨大的市場規模來實行「經濟治略」（ES）[6]。

也就是說，中國刻意將政治、外交和經濟綁在一起，利用經濟實力達成政治外交目的已成常態。從中國的行為可以看出，國際政治經濟學正面臨進一步的變化。

經濟治略催生出「國際政治經濟學」

以經濟的視角重新審視「國際情勢」或「地緣政治」學科，被稱為「地緣經濟學」。

許多人將中美衝突視為「新冷戰」，這是以美蘇冷戰作為前例所產生的觀點，

5　世界衛生組織／World Health Organization

6　經濟治略／Economic Statecraft

因為美蘇冷戰時期確實是東西兩大陣營的競爭。西方具有壓倒性的強勢經濟實力，競爭主要著重在「軍事實力」和「安全保障」，但冷戰終結後沒多久，前面提到中國的經濟與軍事力量開始抬頭，當我們觀察國際政治局勢時，重點也必須放在「軍事實力」和「經濟實力」。另外，聯合國等組織改用經濟制裁取代軍事制裁，也讓我們在研究國際局勢時，經濟與政治兩大領域變得密不可分。

回顧第四次以阿戰爭期間禁止原油出口的措施，其實也是「將貿易當作『武器』，逼迫對手做出政治讓步」，這既是國際政治學與地緣經濟學的領域，同時在手法上也算是經濟治略的範疇。總之，「國際政治經濟學」是由經濟治略催生出來的學問。

但是，長久以來這門學問的「起源」並未受到重視，僅被視為國家之間相互依存與制度化的問題，重心主要都放在貿易或投資，沒有人深入解讀經濟治略、安全保障與國家戰略。現代的國際政治經濟學，必須重新審視外交、軍事、安全保障與經濟的關係；加上「地緣經濟學」這個詞彙被廣泛使用，也引起更多人的重視，這都是因為經濟治略帶來新改變所致。

為何被稱為「不動用武器的戰爭」

美國向來以維持國際秩序為目標，過去聚焦在「民主主義」與「專制主義」兩種政治體制的對立，現則轉為塑造國際社會秩序的意識形態之戰，並以此重新定義美中關係。

國際社會將美中關係視為「新冷戰」，展開討論。但「新冷戰」與美蘇冷戰有一個關鍵性的不同，也就是美中雙方已形成深厚的相互依存關係。川普政府一再強調必須與中國「脫鉤（Decoupling）」，但是現實中，美中經濟已密不可分。

在相互對立的「高階政治」與相互依存的「低階政治」並存的矛盾中，出現了所謂的「經濟治略」。

經濟治略有各種定義，一方面作為影響經濟層面的「手段」，但另一方面，則是為了實現政治「目標」，藉以強迫對手改變對外政策。但無論如何，各種定義的共通點都是「利用經濟手段，達成國家的外交戰略目的」。然而，經濟治略與軍事制裁有所不同，所達到的效果未必穩定一致。

經濟治略常被稱為「不動用武器的戰爭」，但其效果很難像戰爭一樣使對手屈服，或是強制對手改變行動。再看石油危機的例子，無論經濟實力高低，只要擁有獨占性戰略物資，讓他國高度依賴，即使是發展中國家也能利用經濟治略當作戰略手段。第二章會提到中東的原油（資源、能源），以及第三章所討論的半導體，皆是代表性例子。

再者，為了打擊敵國而採取經濟治略措施，也可能波及盟國，甚至對盟國的經濟或私人企業造成傷害。第三章將以半導體為例詳細說明，美國的經濟治略和對中國的相關限制，都因半導體受到關注。由於經濟治略並非戰爭的替代品，只能在特定環境與條件下被當作戰略性手段，它的有效性、限制、必要因素、能夠作為戰略使用的條件，都必須經過謹慎評估。

日本即使在二〇〇〇年代前半對中關係處於緊張的時期，國內仍普遍存在「政冷經熱」的觀點，也就是「即使雙方在政治外交上有摩擦，經濟上仍應加強合作」。當時這種想法不僅存在於經濟界，在政界亦屬主流。這樣的想法也不限於日本，國際社會普遍認為「即使有政治爭議，全球經濟仍應走向一體化」，並試圖將中國、俄羅斯等政治體制與價值觀截然不同的國家納入其中。

但隨著國際局勢變化，以及二〇二〇年新冠病毒在全世界大流行，日本政府認知到重新審視供應鏈的必要性。從國際政治經濟學的觀點來看，至今一直分開討論的政治、外交和經濟，已經密不可分；過去日中關係採取「政冷經熱」的做法，反而不恰當，特別是中國擁有強大經濟實力之後，便利用經濟作為戰略手段，與政治外交緊密掛鉤。

日本必須做好因應對方戰略的準備。於是，「經濟安全保障」的討論逐漸浮上檯面。「經濟安全保障」措施並不單僅針對中國，任何國家若欲透過經濟手段達成政治目標的經濟治略，日本都必須思考如何因應與對抗，這正是「經濟安全保障」的核心所在。即使國際社會已邁向全球化，也不應該將其視為單一市場；在確保國家安全的前提下，若有必要，必須切斷與部分國家的合作，這才是「經濟安全保障」的本質。

當然，對日本來說，中國仍是最大的貿易夥伴；對於與中國對立日益加深的美國而言，情況也差不多，幾乎不可能實現完全脫鉤。在這種現實背景下，如何同時抑制對方影響力，又能維持順暢的經濟活動，這種矛盾與拉鋸就需要適度調整與管理，而這正是「經濟安全保障」所追求的核心目標。

從國際政治經濟的角度眺望世界

我擔任所長的地緣經濟學研究所，從二〇二一年起，就開始實施「經濟安全保障一百家公司問卷調查」。在二〇二三年舉辦第三次調查時，有答卷者問到：企業會面對什麼樣的危機，又該怎麼防備？

問卷調查詳細內容可參考地政經濟學研究所的官方網站與手冊。從包含石油相關企業在內的受訪公司回答可看出，它們高度關注中東局勢對資源與能源動向的直接影響、美中對立加深造成雙方互相實施限制、這些限制所帶來的成本與出口條件變化、國內政治穩定與國際和平環境的維持等議題。此外，受到俄羅斯入侵烏克蘭的影響，針對台海危機進行應對模擬或計劃進行模擬的公司，合計已超過七成。

就像先前提到的石油危機一般，在過去，原油是對日本經濟活動影響最大的國際環境變數。對日本來說，能源攸關國家存亡是無庸置疑的，但如今情勢已大幅改變。進入二十一世紀後，美國能夠自給自足生產能源，介入中東政局的動機也日漸降低，雖然中國明顯展現出想趁機而入的意圖，但全世界原油產量第一位的沙烏地阿拉伯，也在「去碳經濟」及「美俄生產能源多極化」（Multipolarization）的背景下，開始推動「脫離石油依賴型經濟」的改革。

另外，自二〇二二年以來，俄羅斯入侵烏克蘭、以色列對加薩的攻擊，再加上擔憂台海危機爆發，在在都使得國際格局改變，整個國際秩序開始動搖，這進一步加強企業「必須未雨綢繆」的意識。從二十世紀初開始，人類社會進入資訊化，「數據是二十一世紀的石油」這句話開始流行。我們使用電腦、智慧型手機等設備線上互動，產生龐大數據量。這些「大數據」（Big Data）倘若經過分析並加工成「有效數據」，不僅可作為行銷資料，還可用來預測大型傳染病，以及優化各種系統演算法。

另外，能夠提升軍事、安全保障等系統功能的有效數據，更具有與石油匹敵的價值。因此，在分析和處理大數據時，為了能夠瞬間存取和處理，必須使用具有高度運算能力的半導體。數據也跟國家安全保障息息相關，在中美衝突初期，美國就對中國大型通訊設備企業華為實施制裁，半導體成為「戰略物資」，禁止提供給華為使用。這些變化是資訊化所帶來的結果。

換句話說，如今我們不僅必須關注傳統重要資源（如石油），與中東產油地帶的動向，也必須密切關注中國的動作，以及美國的對中政策，否則就難以掌握瞬息萬變的風險局勢。

當風險趨於多元化與複合化，我們會愈來愈難判斷「到底將發生什麼危機」。若想真正做到應對風險的準備，我們就不應只緊盯著眼前的小變化，還必須以更宏觀的角度事先掌握「國際秩序正發生什麼樣的變化」。

因此，本書將依序說明下列議題：隨著全球化的進展，經濟如何逐漸成為達成政治與戰略目標的手段（第一章）；探討中東情勢，以及與地緣政治密切相關的原油、天然氣等能源風險（第二章）；以「戰略物資」半導體為例，解析美中激烈衝突背景下所浮現的經濟安全保障議題（第三章）。最後，統整上述所討論的資源與自由貿易，進一步認識國際政治現況與秩序趨勢，探討日本該如何面對風險（第四章）。

在終章中我與慶應義塾大學教授、地緣經濟學研究所歐美組組長細谷雄一先生，就國際秩序與貿易議題對各國產生的影響進行對談。細谷老師的歷史造詣深厚，藉由與他討論，我們得以描繪出本書的核心概念「世界地圖＝掌握世界全貌」。因此，希望各位讀者先從終章開始閱讀，加深對地緣經濟學的理解，最後再讀完整本書，建構出整個議題的全貌。

倘若讀者能透過本書以資源、半導體等戰略物資與實際案例呈現的「地緣經濟學」觀點，打開「經濟治略」與「經濟安全保障」的國際政治經濟學全視野，我將深感榮幸。

第1章

世界資源的現狀與「相互依存的陷阱」

油價與物價高漲的起因

現今這個時代，國際政治動向已與一般家庭的收支息息相關，二〇二三年日本就面臨原油與物料價格上漲的挑戰，民眾對物價飆升有深刻感受。

談到資源與能源流通帶來的危機，一般都會關注中東局勢。的確，目前日本原油有百分之九十都來自於沙烏地阿拉伯和科威特等中東地區。

一般人都會覺得中東局勢是直接導致原油上漲的原因。大家會有這種印象，不僅是因為日本使用的原油幾乎都仰賴海外進口，還因為一九七〇年代以阿戰爭所造成的石油危機，以及一九九〇年代以後中東局勢升溫。

然而，最近因原油上漲帶動物價上漲，其實與中東局勢無關。俄羅斯侵略烏克蘭，令美國與歐美為主的國際社會對俄羅斯實施經濟制裁，才是導致原油上漲的主要原因。

二〇二三年之後物價上漲的導火線，主要是因為遭侵略的烏克蘭小麥產量占全世界消費總額三分之一，俄羅斯封鎖黑海阻撓烏克蘭小麥出口，造成小麥價格高漲。這些影響讓人們理解到，戰爭不僅影響國際經濟，就連一般市民的家庭收支也

圖 1-1　俄烏戰爭爆發後，歐盟發動經濟制裁，不進口俄羅斯資源。左圖為俄羅斯油田，右圖為烏克蘭民眾撤離家園。

照片：達志影像

會受到波及。另外，同一時期又正好遇到新冠疫情爆發，各地的封城措施造成經濟活動停擺，直到疫情趨緩後，消費突然急遽擴大，也導致物價上漲。

另一方面，俄羅斯也是造成原油價格上漲的原因。俄羅斯本身是一個產油國，也是天然氣出口國，從侵烏行動一開始，西方各國就對俄羅斯發動經濟制裁，此舉影響到原油價格。過去一直從俄羅斯進口原油的國家，因為參與制裁，不再進口俄羅斯資源，不足的部分改由中東等地的產量來彌補，原油需求變高，油價也跟著水漲船高。即使俄羅斯生產的原油價格下跌，也只有未參與

圖 1-2　歐盟各國石油產品中俄羅斯產的占比（2022 年）

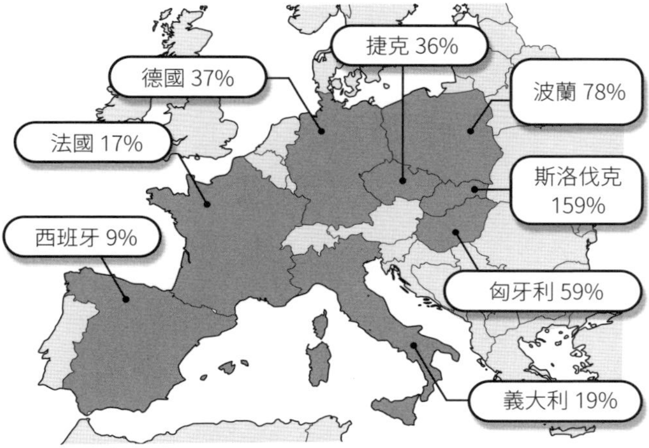

(注) 以國際能源署 (IEA) 2020年的資料爲基礎製作，包括超過100%的儲備量和再進口量。
出處：詳閱日經導讀網 nikkei4946.com

制裁的中國和印度以低價購得俄羅斯原油（圖1-1）。

俄羅斯在侵略烏克蘭之前所生產的原油，實際上有近五〇%銷往歐洲。並非所有國家都贊同對俄制裁，位處歐洲但與俄羅斯相近的塞爾維亞，以及立場親俄的匈牙利就採取例外措施；但也有像德國和波蘭等國，不僅實施對俄制裁，還大力支援烏克蘭，這些國家對俄羅斯原油的依存度也是極高（圖1-2）。

資源價格飆升，制裁俄羅斯讓歐洲慘遭「反噬」

對俄制裁的目的是「停止與俄羅斯交易，打擊俄羅斯的經濟，藉此牽制侵略行動」。當俄羅斯開始侵略烏克蘭，G7（七大工業國組織）為中心的西方諸國，便破例迅速決定實施經濟制裁，期望藉此達成前述目的。二〇二二年二月二十四日，俄羅斯展開大規模軍事行動後，各國在第一時間就發動第一波制裁。G7也在三月十一日發表共同聲明，之後參與在內的各國也步調一致，加強制裁的力道。

不同於二〇一四年俄羅斯占領克里米亞半島，日本較晚參與介入，卻也迅速跟上G7的制裁腳步，日本因而獲得高度評價。另外，即使外界認為制裁決議迅速且粗糙，但西方各國並未自亂陣腳，是此次制裁的特色。

後續我會詳述此次經濟制裁，總之參與國自身也遭受莫大損失。而俄羅斯的報復也在意料之中，因此各國都以自身利益為優先，導致制裁的態度曖昧不清。但是，俄羅斯不僅違反國際法，在布查實施殘忍且非人道的虐殺行動，也引起國際社會強烈譴責。各國雖然面對經濟上的損失，還是統一步調實施各種制裁手段。

本次制裁還有一項特徵，就是制裁範圍前所未有的廣泛。金融制裁，特別是多家銀行利用全球銀行金融電信協會（SWIFT）[7]機制與俄羅斯脫鉤，並凍結俄羅斯中央銀行的國外資產，限制俄羅斯用外幣發行國債，這幾項都是強力的制裁。除此以外，西方各國還嚴格限制加密貨幣交易，奢侈品牌（名牌）紛紛退出俄國，切斷半導體等高科技製品的供應，並凍結與普丁有關的新興財閥（寡頭，Oligarch）的資產，可說是各種制裁手段盡施。

不僅如此，各國還對俄羅斯航空公司關閉領空，以及廢除對俄羅斯人發行簽證的優專措施，整個制裁範圍牽涉極廣。但是，依賴俄羅斯天然氣的歐洲各國，無法即刻停止從俄羅斯進口天然氣，發動制裁之後還是允許從俄羅斯進口液化天然氣（LNG，Liquefied Natural Gas），因此未能重挫俄羅斯的經濟。

回顧以往的制裁對象，不管是針對伊朗還是北韓，西方各國對她們的依存度都不高，即使實施制裁，對本國經濟並不會造成太大打擊。但是，俄羅斯作為一個貿易對象，規模並非伊朗和北韓可以比擬，特別是化石燃料或礦產，歐洲各國都強烈

7 全球銀行金融電信協會／Society for Worldwide Interbank Financial Telecommunication

仰賴俄羅斯的供給。因此，實施制裁之後將對本國經濟帶來巨大影響，這是過去的制裁未曾發生過的情況。

如上所述，政治外交上發生問題時，藉由限制資源進出口或經濟活動，企圖改變特定國家政治行動的「制裁」手段，有時候效果極其有限，甚至於實施制裁的一方，還必須尋找資源和能源的進口替代國，為了價格高漲而煩惱，這就是所謂「反噬」。

貿易關係進入「政治風險」的時代

資源和能源的動向，對於國際情勢、地緣政治學和地緣經濟學的影響非常巨大，正因如此，想要更了解資源和能源，不僅要研究「哪個國家或地區生產什麼資源和能源，以及哪些國家是主要出口國」，還必須知道國際社會當下面臨的危機，還有該危機與資源之間的關聯；更進一步，還要掌握作為貿易基礎的國際秩序。面對危機時，國際社會是否能夠步調一致去應對，危機解除後的影響大是否會是長期性的，這些都是必須理解的事項。

說起國際性的危機，也包括至今仍讓人記憶猶新的新型冠狀病毒這類傳染病。再者，因為紛爭和外交關係問題，造成進出口遭受限制，不僅影響到能源和資源，就連各種產品的流通也會受阻。

特別是一旦各國展開制裁，不僅要掌握國際社會出現的危機，各國間的關係，亦即貿易和外交的狀況也應該加倍關注。除了國際間達成共識，對俄發動制裁的情況以外，單憑一個國家的外交、國家策略轉變，也會造成能源和資源、物資進出口的危機，中美衝突連帶造成的半導體相關進出口限制問題，就是最重要的例子。為了讓對方全盤接受本國開出的條件，必須透過經濟層面的手段施以壓力，這種方式就是上一章提到的「經濟治略」。經濟制裁也是一樣，從經濟層面對特定國家施加壓力，削弱其經濟實力，企圖利用該國輿論去敦促政府變更政策，最終放棄繼續侵略。

但是，為了讓俄羅斯打消侵略意圖，各國發動的經濟制裁，照理說應該會對一般市民的家庭收支造成打擊，然而俄羅斯似乎沒有受到任何影響。而且，侵略行動開始超過兩年，制裁也持續了相同的時間，但俄羅斯仍舊沒有改變侵略的意圖。反倒是參與制裁俄羅斯的西方各國（包含日本）國民，都付出原油價格及物價高漲的代價，為什麼會演變成這樣呢？

或許我們可以用「相互依存的陷阱」這個邏輯來解答這個問題，我想透過這個概念帶各位讀者一起思考，為什麼對俄羅斯施加制裁，反而對我們的生活帶來打擊，形成「反噬」的狀態。

全球化、自由貿易中隱藏的「陷阱」

第二次世界大戰後的世界秩序，從反省貿易集團造成世界大戰，轉向以自由貿易體制為基礎，目標創造一個開放的經濟秩序。負責維持名為「布列敦森林制度」[8]這個系統的國家——美國，不僅在第二次世界大戰中幾乎沒有受到傷害，還能維持工業製造力，並且貸款給聯合國作為戰爭費用，藉此獲得壓倒性金融實力的強國。

但是，第二次世界大戰結束後，美國和蘇聯的關係開始惡化。一九四九年北大西洋公約組織（ＮＡＴＯ，以下簡稱北約）[9]成立及一九五〇年韓戰爆發，是美蘇形成對立的關鍵事件，世界秩序也就此進入冷戰格局。

冷戰時期的國際經濟秩序，是透過蘇聯和其他共產主義國家組成的經濟互助委員會（簡稱「經濟互助委員會」，COMECON）[10]，形成一個封閉的經濟圈，使得經濟層面也反映出冷戰的結構，冷戰對立陣營的經濟關係，都限制在最低程度。中國在一九四九年建國後，展開如大躍進和文化大革命這類極端社會主義政策，目標在創造出不受他國操縱的自律性經濟，因此該國被排除於國際經濟秩序的考慮對象之外。**簡單來說，以布列敦森林制度為基礎的自由貿易也代表西方各國的秩序，同時也維持著政治方面的協調關係，這是由共享價值與規範的國家一起建立「部分世界秩序」**。

全球化的進展和冷戰的終結，成為加速改變世界秩序的關鍵。一九七〇年起，資本流動變得較為頻繁，帶動貨物貿易更加盛行，各國也將製造據點轉向製造成本

---

8 第二次世界大戰後，爲維持匯率穩定創立的機制。

9 北大西洋公約組織／North Atlantic Treaty Organization

10 經濟互助委員會／Council for Mutual Economic Assistance

較低的國家，已開發國家的資本流向開發中國家，構築出全球供應鏈，跨越國境的貨物流通也急速擴張。

全球化的進展和冷戰的終結，成為加速改變世界秩序的關鍵。一九七〇年起，資本流動變得較為頻繁，帶動貨物貿易更加盛行，各國也將製造據點轉向製造成本較低的國家，已開發國家的資本流向開發中國家，構築出全球供應鏈，跨越國境的貨物流通也急速擴張。

在此局勢中，首先受惠的是東南亞國家，一九七〇年快結束的時候，中國也跟隨世界經濟局勢變化，實施改革開放政策，設置經濟特區，接受西方各國投資，令國內經濟有所成長。另一方面，經濟互助委員會陣營的各國並未跟上經濟局勢，仍舊採取社會主義的計畫性經濟政策，導致國內經濟陷入死局，最後引發民主化革命，迫使柏林圍牆倒塌及蘇聯解體。

隨著冷戰終結，至今為止「西方」的經濟秩序，亦即經濟自由貿易經濟制度，首先是中東歐諸國以加入歐盟的形式參與其中，俄羅斯也透過「休克療法（Shock Therapy）[11]」接受市場經濟；另一方面，中國也推進改革開放路線，創造出「社會主義市場經濟」這種不符常規的市場經濟體制，藉此擠進世界經濟秩序之列。

此時，冷戰終結讓世界陷入亢奮狀態（Euphoria），至今為止與西方諸國價值觀和規範不同的各國，也都能夠納入自由貿易制度中，令國內催生出許多中產階級，結果就是讓共產陣營的國家，導入「西方」的價值觀和規範，進而推動民主化和自由主義，世人對此抱持樂觀的態度。其中最具代表性的例子，毫無疑問就是法蘭西斯．福山的著作《歷史之終結與最後一人》[12]，書中將冷戰終結喻為「民主主義與資本主義的終極勝利」。

第一個陷阱：「市場經濟能促進民主化」的錯誤迷思

首先談論第一個「相互依存的陷阱」。所謂相互依存的陷阱，就是認為經濟面的相互依存，會對政治面的價值觀和規範造成影響，進而改變政治制度。因此加深

11 譯註：一種總體經濟學方案，由國家主動、突然性的放鬆價格與貨幣管制，減少國家補助，快速進行貿易自由化，此類型計畫通常伴隨將原爲國家控制的公有資產，大規模私有化措施。

12 中譯版由時報出版發行，舊版爲李永熾譯（一九九三年），新版爲區立遠譯（二〇二〇年）。

彼此的依賴，一直以來被視為「正確的做法」，但最終卻形成對他國的依賴發展至沒有退路的局面。

從西歐各國的歷史來看，市場經濟的發達和民主主義制度的進步，同樣都是在近代資本主義系統當中培育起來的。然而，歷史並非必然，而是西歐近代形勢特殊所致，因此這一套做法並不一定能適用於非西歐國家。

但是，歐洲各國最初認為，可以透過共享政治價值觀和規範，讓中國和俄羅斯導入新的市場經濟制度，最終也就能走向民主化，尊重法治，並建立保障人權的政治制度。在政治變革，或與西方各國的價值觀趨於一致的前提下，西方各國讓中國和俄羅斯納入原本屬於「部分經濟秩序」的自由貿易制度之中。實際上，中國在二〇〇一年、俄羅斯在二〇一二年，雙雙加入WTO，當時西方各國認為在WTO規則的架構下，包括中俄在內的世界經濟秩序將得以確立。因此，西方各國也毫不猶豫投資中國和俄羅斯，並將他們納入全球供應鏈當中。

然而，此時第二個「相互依存的陷阱」開始發揮作用。中俄進入自由貿易制度的架構後，並未如預期般迅速展開民主化，而且也不尊重法治精神。特別是二〇〇八年雷曼兄弟事件後，「國家資本主義」由政府強行介入控制市場經濟的做法，更能有效應對經濟危機。因此中俄這些施行國家資本主義的國家，認為自己的政治制度比較優越，在全球化市場經濟逐漸合併的同時，西方各國也認知到威權主義體制依舊可以持續下去。

第二個陷阱：無法完全脫鉤的供應鏈

第一個「相互依存的陷阱」，是因為西方各國希望擴大全球化的市場經濟，慢慢推動封閉式獨裁政治體制的國家走向民主化，但此時又遭遇到第二個「相互依存的陷阱」。

第二個相互依存的陷阱指的是，當西方各國落入第一個相互依存的陷阱後，國際社會已形成深厚的相互依存關係，原本被寄予厚望的民主化未能順利推進。而且，實行「國家資本主義」的國家快速擺脫經濟危機，民主國家的經濟危機卻持續延長，不得不與「國家資本主義」國家維繫經濟關係。

透過第一個相互依存陷阱所構築的全球化供應鏈，讓世界經濟秩序形成價值觀與規範相異的國家能夠共存的狀態後，西方各國又落入第二個相互依存的陷阱內，即使與價值觀和規範相異的國家相互對立衝突，也難以解除經濟層面的相互依存的狀態。

在落入上述雙重陷阱的情況下，西方各國不得不採取「政經分離」的手法。即使在政治層面發生對立，也只能選擇繼續維持經濟層面的相互依存關係，甚至更進一步加深相互依存的關係，企圖藉此逃出第二個相互依存的陷阱。二〇二二年俄羅斯侵略烏克蘭後，各國對俄實施經濟制裁時，採用政經分離就具有決定性的意義。

俄羅斯違反國際法，以民間人士為目標發動攻擊，並且利用札波羅熱發電站掩護俄軍進行戰鬥，迫使西方各國不得不避免對俄直接動武。因為俄羅斯與西方各國之間，正處於「穩定與不穩定悖論」的狀態之中。所謂「穩定與不穩定悖論」，意指彼此都擁有核武，形成核威懾的狀態，為了防止全面開戰而產生的「穩定狀態」，另一方面各國認為：「其他國家也會害怕全面開戰，而不會輕易介入使用常規武器的紛爭，因此不致於發動大規模的報復行動」，最終導致無法插手阻止使用常規武器的戰爭。

總而言之，俄羅斯與西方各國之間因為彼此處於核威懾的狀態，因此只能盡力維持穩定局勢，不便插手干涉俄羅斯使用常規武器攻擊烏克蘭。因此，即使目前發生在烏克蘭的戰爭，違反國際法又極其慘忍，北約或美國也無法直接採取軍事行動。另一方面，俄羅斯也深知美國和北約害怕全面開戰或發生核戰，故推斷他們不會派遣軍隊協助烏克蘭。

換言之，西方各國一旦利用軍事行動介入烏克蘭紛爭，就代表各國與俄羅斯直接開火交戰，進而破壞核威懾的平衡關係，演變成第三次世界大戰，最終恐升級為核戰爭。因此，西方各國不得不採取「次優對策」，持續對烏克蘭提供軍事援助，並對俄羅斯發動經濟制裁，包括停止進口俄羅斯生產的原油和天然氣，以及將俄羅斯排除於全球銀行金融電信協會之外的金融制裁等。總之，面對處於敵對關係的俄羅斯，西方各國相信，由於自己與俄羅斯已形成深厚的相互依存關係，「政經分離」可以產生一定的效果，但同時西方各國也遭到「反噬」，承受了巨大的傷害。

第三個陷阱：切斷相互依存關係將遭到反噬

針對俄羅斯的經濟制裁，又衍生出第三個「相互依存的陷阱」。為了因應第二個相互依存的陷阱，西方各國認為即使與敵對國家之間，已形成深厚的相互依存關係，經濟層面仍可採取與國家安全關係不同邏輯的政策，以「政經分離」為基礎，而第三個相互依存陷阱的開端，正是讓各國認清「政經分離」只是不切實際的幻想，進而接受「政經融合」這個現實，因此各國只能利用經濟手段作為武器來達成政治目的。

第二次世界大戰之後，具有代表性的幾次經濟制裁對象，有行使種族隔離政策的南非，以及疑似擁有大規模殺傷性武器的伊拉克，還有實際正進行核武開發的伊朗和北韓。上述這些國家，雖然與西方也有相互依存關係，但是程度並不對等，因為他們都還未進入全球供應鏈之列，而且經濟規模都還很小。因此，即使西方採取經濟制裁，對自己造成的「反噬」也都不嚴重，衍生而出的傷害也還在容許範圍之內，因此西方各國也能積極實施經濟制裁。

但是對俄羅斯實施經濟制裁，「反噬」的規模卻十分巨大，發動制裁的一方也

圖 1-3　天然氣與液化天然氣價格走勢圖

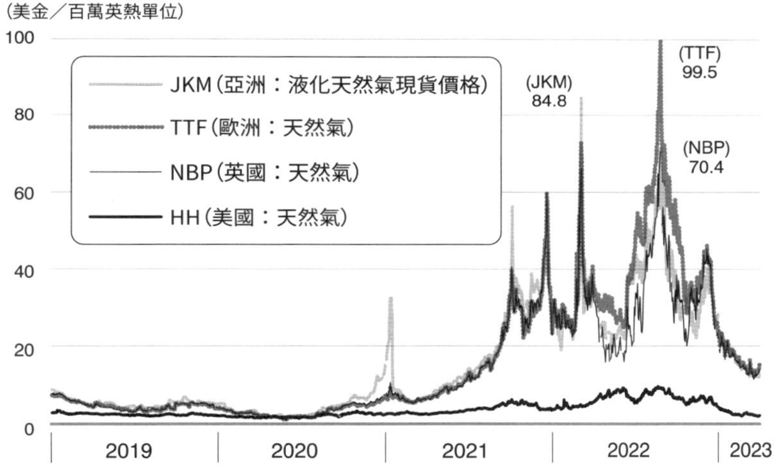

會遭受嚴重的傷害。雖然美國對俄羅斯的依賴程度較低，國內的能源能夠自給自足，因此可能積極加強制裁力道，但是歐洲各國對俄羅斯依賴程度極高，對俄施加制裁造成的經濟損失，也會給國內帶來莫大的社會壓力。

如同兩張走勢圖（圖 1-3、圖 1-4）所示，天然氣和液化天然氣、原油價格一路高漲，已經壓迫到民眾生活，迫使各國必須對國民說明並採取應對措施。

日本也是一樣的情況，雖然不像歐洲那麼嚴重，但是煤炭和

圖 1-4　原油價格走勢圖

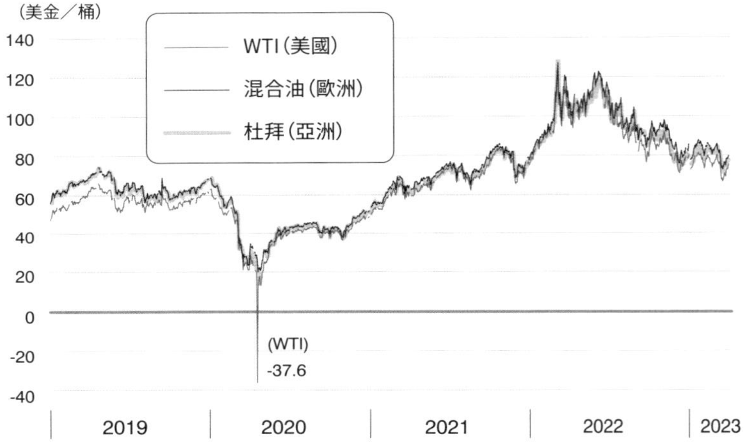

2022 年度能源相關年度報告（能源白皮書 2023）
資料：以 S&P Global Platts 等爲基礎，由經濟產業省製作

原油、天然氣這些資源，在某種程度上也依賴俄羅斯，若是加強對俄羅斯的制裁，將會招致報復。為了不過度依賴俄羅斯，只能轉由中東進口，但產能不足導致原油價格上漲，間接也抬高電價。針對經濟層面相互依存的國家，實施經濟制裁，這是第二次世界大戰後，各國首次遭遇的經驗。

總而言之，冷戰時期西方各國實施經濟制裁的目標國，都是與西方各國的價值觀和規範相異，並且處於對立關係。這些發展中國家都不受自由貿易制度保護，因此西方各國透過輸出管制統籌委員會（COCOM）[13]等組織，將那些國家排除在全球供應鏈之外，避免形成相互依存關係，或者只能形成極度不對等的相互依存關係。

但是，由於第二個相互依存陷阱發揮作用，使得價值觀和規範相異的國家，也必須採取「政經分離」政策來切割政治和經濟，從而加深經濟上的相互依存。使得西方各國無法避開並落入第三個陷阱「政經融合」，此時就會因施加制裁而遭受嚴重的反噬。也就是說，各國意識到經濟制裁的效果將受到相當程度的限制，仍必須尋找一種能夠最大程度減輕自身痛苦的方式來執行制裁，結果卻陷入困境。

制裁能否削減俄羅斯的戰意？

西方各國落入第三個相互依存陷阱的情況下，對於俄羅斯侵略烏克蘭一事，能

13 輸出管制統籌委員會／Coordinating Committee for Multilateral Export Controls

圖 1-5　相互依存的陷阱示意圖

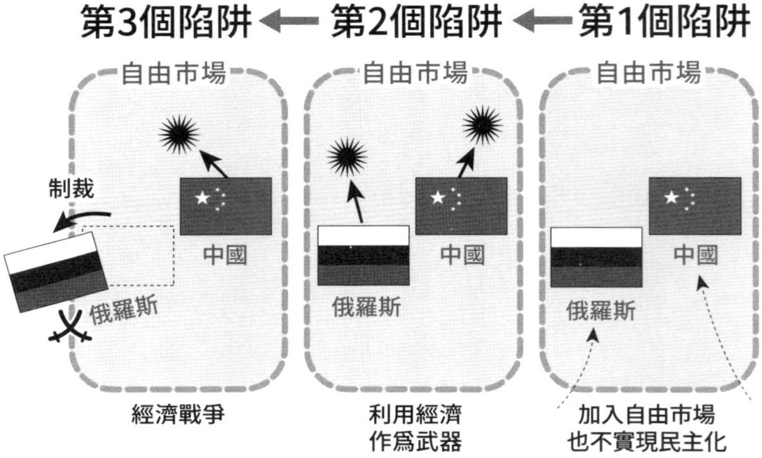

做些什麼？又能得到什麼？

一般經常認為，對俄羅斯的經濟制裁，是因為無法執行實質性的軍事行動援助，故採取退而求其次的手段，又或者將經濟制裁當成是「另一種手段的戰爭」。但是經濟制裁未必能夠達成和軍事行動介入相同的效果。

一般來說，對抗侵略戰爭的手段，目的應該是將侵略軍趕到國外，並且奪回被占領的土地。但是想憑藉經濟制裁來達成上述的效果，可以說是極為困難。若要將入侵的軍隊逼退到國界之外，首先必須要讓入侵的軍隊失去戰鬥意志，從而放棄繼續侵略的想法。

那麼，為了透過經濟制裁，創造出無法繼續戰爭的狀況，必須滿足的條件有哪些呢？

第一，在經濟層面上要讓俄羅斯民眾遭到難以忍受的痛苦，提高俄羅斯國內的反戰聲浪，進而組織起社會運動，逼迫普丁放棄戰爭，尋求解除制裁之道。但是，即使順利讓俄羅斯民眾遭受難以忍受的痛苦，也未必能讓俄羅斯喪失戰意。因為就算民眾的反戰呼聲再怎麼高，再怎麼對執政當局提出異議，在一個威權國家內，若要政府聽從社會輿論改變政策的可能性極低，而且也無法期待透過選舉實現政黨輪替。

提到經濟制裁成功的案例，比如阻止伊朗開發核武，發動制裁致使伊朗簽定核協議，第二章將詳述因為伊朗有選舉制度，勉強還能反映民意，最後因為伊朗總統哈桑·羅哈尼提出解除制裁作為主要政見而順利當選，是此次制裁奏效的主要原因。

俄羅斯雖然也有選舉制度，但公正性讓人抱持極大的疑問，而且就算民眾打算發起反政府的運動，遭受警察或維穩部隊暴力鎮壓的可能性也極大。二〇二二年二月，俄羅斯一發動侵略，國內就出現抗議行動，但馬上就被鎮壓，之後俄羅斯民眾只能被迫不再關心戰爭。而且反政府運動的核心領導者阿列克謝·納瓦尼，也遭到投毒攻擊，不僅危及性命安全，甚至因此身陷囹圄，最後在二〇二四年二月十六日，侵略烏克蘭的戰爭即將屆滿兩年之際身亡。

第二，凍結俄羅斯總統普丁及俄羅斯寡頭的資產，迫使他們無法動用資產也是一種手段。若西方不解除制裁就會讓他們失去自己的財富，進而失去對總統普丁的忠誠心，這個方法也能提高普丁總統為了讓西方解除制裁而做出改變的可能性。

但是，俄羅斯寡頭之所以支持普丁，是因為他們的財富本來就是受到總統庇護才得以保存，倘若做出違背普丁總統的行動，極可能失去自己的財富。過去尤科斯石油公司總裁霍多爾科夫斯基，就是因為站在普丁總統的對立面，財產全部遭到沒收，至今仍不得不過著亡命海外的生活。與普丁唱反調的俄羅斯寡頭當中，有些人甚至成為多起無故墜樓身亡案例的主角。

「脫俄」的能源政策並未奏效

第三，金融制裁，特別是將俄羅斯的銀行排除於全球銀行金融電信協會之外，使其難以進行國際結算，令俄羅斯難以透過出口原油、天然氣和小麥獲得收入。外幣存量不足將使俄羅斯經濟崩潰，一般期待透過這樣的制裁能終止戰爭。

然而，西方已落入第三個相互依存陷阱，各國仍舊仰賴從俄羅斯進口原油和天然氣，即使對俄發動經濟制裁，還是必須向其購買原油和天然氣，並且支付必要的款項。而且不只西方各國依賴俄羅斯的原油、天然氣、穀物與礦產，中東和非洲各國對俄羅斯的依賴程度也頗高。因此，無法透過銀行的正常管道支付，對這些國家而言，也會帶來經濟上的傷害。一旦落入第三個相互依存陷阱，金融制裁就會變得不夠徹底，而且效果也極其有限。

第四，長久以來向俄羅斯購買原油和天然氣的歐洲各國和日本，只要禁止從俄羅斯進口原油和天然氣，就能大幅減少俄羅斯的國家收入，俄羅斯想繼續維持戰爭就變得很困難。歐洲和日本已決定停止從俄羅斯進口煤炭，歐洲也禁止透過海運進口原油，各國決議在二〇二二年底為止，減少開戰前百分之九十的進口量。

另外，各國還禁止天然氣管道的輸送，企圖減少從俄羅斯輸出的天然氣，藉以提高制裁的效果。然而，對歐洲而言，天然氣排出的溫室氣體比煤炭還少，許多國家都積極推動「去碳廢核」，凸顯天然氣是不可或缺的能源。因此，即使切斷俄羅斯的天然氣管道供給，依舊不得不從該國進口液化天然氣。

再者，禁止從俄羅斯進口原油和天然氣之後，必須從中東尋求替代的原油和天然氣，在各國爭相購買下，導致市場價格高漲。如此一來，國內汽油和電力價格也會跟著水漲船高，加上新冠疫情後，經濟復甦伴隨通貨膨脹，對國內經濟造成極大負擔。各國受到第一、第二個相互依存陷阱影響，對俄羅斯的依賴程度升高，結果又落入第三個陷阱，導致無法完全禁止進口俄羅斯的原油和天然氣，最終不得不實行有條件限制的經濟制裁。歐盟各國耗費一年時間，推展能源「脫俄」政策，隨之而來的影響無法視而不見。

但是，歐洲在推動「脫俄」的同時，又追求「廢核」及「去碳」。若把這三項「脫鉤」，無疑是陷入三難困局（Trilemma）。換句話說，歐洲能源若要脫離對俄羅斯的依賴，又要追求去碳，勢必要仰賴不會排出溫室氣體的核電。倘若又不利用核能發電，而中東進口的液化天然氣價格又居高不下，最後只能選擇燃燒煤炭來發電。最後若排除煤炭這個選項又推動廢核，那就非得繼續從俄羅斯進口能源。這就是「脫俄」、「去碳」和「廢核」三者無法同時成立的三難困局。

俄羅斯侵略烏克蘭過了一年之後，二〇二三年二月，《日本經濟新聞》進行一場輿論調查，結果有六十四％的人回答：「俄羅斯侵略烏克蘭會對生活造成影響」，六十六％的人認為：「就算遭受影響仍應繼續施加制裁」，甚至有七十％的人覺得：「應該加強制裁力道」。

然而，另一方面，原油價格高漲連帶拉高運輸費用，漲價後的成本就轉嫁到物價上，特別是從二〇二三年起，日本新聞連日報導日本國內整體已達到「忍耐的極限」，日本政府也為了應對物價高漲問題而傷透腦筋。

比禁運更有效的制裁

已經落入第三個陷阱的西方各國，想要阻止俄羅斯繼續戰爭，極為困難。那麼，制裁俄羅斯又有什麼益處呢？關鍵就在於「雙方都落入相互依存的陷阱」。

如同西方各國依賴俄羅斯能源，俄羅斯對西方各國的半導體、工業機械和汽車零件等各種工業產品，也存在著依賴關係。蘇聯瓦解之後，俄羅斯迅速融入市場經濟，因此搶占了出口煤炭、原油和天然氣這些能源的先機，國家財政也因此較為穩定，另一方面，蘇聯時期無法進口的西方各國工業產品開始進入國內，沒有競爭力的國內產業紛紛被淘汰，於是經濟層面逐漸依賴外國。最後導致國內勉強還能製造出堪用的半導體和工業機械，全被更加優良的進口貨替代。過度的依賴的結果，反而使得國內製造力大為倒退。

特別是俄羅斯的半導體產業，事實上等於不存在了，也毫無國際競爭力，幾乎所有半導體都仰賴西方。還有飛機等零件也依賴西方，據報導指出，俄羅斯製造的無人機所使用的電子零件等，都是來自於西方各國製造的電子產品。西方發動的制裁，不僅讓俄羅斯無法取得武器，就連零件也都難以入手，對俄羅斯國內的軍事武器製造也造成影響，就是要讓俄羅斯「彈盡糧絕」。

俄羅斯早已落入第一個相互依存的陷阱，在國內經濟結構極度依賴西方各國的前提下，前提第二個相互依存陷阱儘管加強了普丁的實質權力，讓俄羅斯的政治制度更徹底威權化，但俄羅斯的經濟結構仍舊沒有改變，還是持續依賴著西方各國。

因此，對俄羅斯最有效果的經濟制裁，不是凍結普丁或俄羅斯寡頭的資產，也不是金融制裁或禁止進出口能源，而是禁止出口半導體和工業產品給俄羅斯。而且，這樣的制裁無法對俄羅斯整體經濟造成影響，只是讓俄羅斯無法取得製造兵器和彈藥的戰爭必要物資，儘管制裁效果微乎其微，但也不得不對此抱持期待。

既然制裁的項目不只是資源和能源，甚至還包括特定的物資，而這些資源就被稱為「戰略物資」。

俄羅斯不得不以超低價拋售原油

從俄羅斯從西方進口的工業產品當中，有不少可以從其他製造國獲得，特別是從中國進口的產品來取代。俄羅斯侵略烏克蘭之後，二〇二二年三月到六月間，或許是俄羅斯忌憚於美國發動的次級制裁，中國出口至俄羅斯的工業產品幾乎並未增長。然而，七月之後相關項目的出口量開始轉為增加，而增加的項目包括一般機械或運輸機械、化學產品和橡膠產品等，另外電腦和智慧型手機等也有成長的趨勢。

但是，單從制裁項目可以看出，西方的制裁主要還是以民生用品為主，製造兵器不可或缺的半導體和材料，相關範疇的項目並未見增長。同時也無法證實中國積極將軍事相關物資出口到俄羅斯。

然而，到了二〇二四年，中國和俄羅斯的關係更加緊密，中國出口到俄羅斯的資源，也出現能夠挪用為製造武器的半導體和零件等。美國為了敦促中國停止出口可挪用為製造武器的物資到俄羅斯，於是將部分中國企業也列為制裁對象。結果導致中國對俄羅斯的出口急速減少，也就是透過「次級制裁（意指施加制裁對象並非針對制裁目標國俄羅斯，而是只鎖定與俄羅斯有貿易往來的特定國家或企業）」來提高制裁的效果。

另有報導指出，俄羅斯為了購置戰鬥用的無人機，還派員到伊朗參訪，並在當地接受操作訓練。另一篇報導表示，俄羅斯也擴大與北韓的關係，向北韓購置導彈等武器，由此可看出俄羅斯試著與中國以外的友好國接觸，企圖購置軍事裝備。除了上述的動作之外，雖然俄羅斯並未直接從中國進口武器，但仍能進口有軍事用途的零件，令俄羅斯國內製造武器的產業愈發活躍。

不過，俄羅斯自行製造武器終究有限，想要讓戰爭持續下去就必須有穩定的武器來源。同時，雖然制裁的效果有限，但金融制裁和歐洲各國減少購買俄羅斯的原油和天然氣等舉措，雖然致使資源價格高漲，但是各國推測俄羅斯出售資源的收入，仍舊無法填補戰爭所需的龐大軍事費用。

即使俄羅斯持續出售原油和天然氣給中國和印度來獲得外匯收入，但龐大的軍事費用以及在占領區域實施「俄羅斯化」所需的費用等，都是戰爭時需要支出的巨大成本，單憑過去出售原油和天然氣的收入仍無法完全支付。由於歐盟的制裁包括限制原油價格上限，使得俄羅斯不得不大幅降低售價，因此難以完全填補軍事費用。如此一來，俄羅斯政府就必須發行戰爭債券，西方的制裁提高了籌備軍事費用的門檻。總而言之，制裁目的是讓俄羅斯「資金不足」，進而剝奪其續戰能力，此舉雖然無法立即生效，但隨著戰爭時間拉長，也會漸漸對俄羅斯產生影響。

中國下令「禁止輸入日本水產品」也屬於「經濟制裁」

在第一層相互依存的陷阱中，包括中國和俄羅斯在內的全球供應鏈已經建立，形成了一個確立相互依存的世界；在第二層相互依存的陷阱中，儘管各國在政治上對立，相互依存關係卻進一步深化；而在第三層相互依存的陷阱中，「政經融合」隨之發生，經濟逐漸成為解決國與國之間對立的手段。

而且，上述的陷阱結構並不僅能用在對俄制裁。如本節標題所示，針對日本排放福島核電廠的核處理水一事，中國也採取「全面停止進口日本水產品」政策，這正是「政經融合」的實際案例。中國反對日本排放核處理水，因此利用禁止進口日本水產品，企圖讓日本停止排放。亦即中國除了外交上的抗議聲明之外，還想透過打擊日本經濟，迫使日本政府改變政策，後來俄羅斯也跟進效仿。

日本必須找到中國以外的水產品出口國，才能避免經濟面的打擊，然而原本對中國出口量最高的干貝和海參等，自二〇二三年十月起，價格開始下跌，仍讓日本受到不小的經濟打擊。

當然，水產品算不上是戰略物資，但由於對中國市場的依賴度過高，才會造成承受經濟威脅的局面。因此即使是一般商品，一旦與單一國家形成過度依賴的貿易關係，就等於落入相互依存的陷阱，一般商品也會像原油和半導體等戰略物資一

圖1-6 日本水產豐富，出口到許多國家。圖為在海上作業的日本漁船。

照片：達志影像

樣，能夠作為「武器」來使用。

戰略物資與技術不應依賴敵對勢力

不知道俄羅斯侵略烏克蘭戰爭結束後，全世界是否仍舊困在第三個相互依存陷阱中，或是形成一個截然不同的世界經濟秩序。

但透過俄羅斯侵略烏克蘭一事，我們確實得到的教訓是：即使與價值觀和規範相異的敵對國家之間，也會形成相互依存關係。即便是重要的戰略性物資和技術，也萬萬不能依賴敵對勢力。

原油和天然氣等地底資源並不是每個國家都擁有，因此很難不依賴單一國家。即使如此，各國還是應該尋求更多購買來源，並且提高國內儲備量，這是最低限度的避險措施。以歐洲各國為例，不能只依賴從俄羅斯的輸送管道進口天然氣，還必須設置接收站，以便從更多國家進口液化天然氣。

川普政府在美國掀起廣泛討論的脫鉤政策顯然與歐洲不同。當初議論紛紛的脫鉤政策，與其說是為了減少對中國過度的依賴，更像是完全斷絕與中國之間的經濟往來，就像冷戰時期的美蘇一樣，美國的願景是試圖創造一個沒有中國的經濟圈。

雖然川普政府提出的願景並不實際，但其中也有合理的部分。像是美國政府禁止使用中國企業華為提供5G設備，就是為了在基礎建設當中排除中國產品，藉此降低國家安全方面的風險，另外還有軍民兩用的技術。特別是開發半導體等足以左右今後經濟動向的產品，舉凡先進武器以及汽車自動駕駛等，都是不可或缺的物資。美國採取的做法就是限制技術轉移，有效阻止中國的技術發展，並且排除在供應鏈之外。透過這些脫鉤政策，美國得以避開風險鞏固國家安全，因此可說是極具合理性。

由於西方各國針對俄羅斯侵略烏克蘭所發動的經濟制裁感到力猶未逮，今後若是俄羅斯和中國又想行使武力改變現狀，日本為了讓經濟制裁能夠發揮更大的效果，可行的方向是減少戰略物資和技術對中俄的依賴，並增加儲備量、開發替代產品。同時盡量加大中俄對日本的依賴，等到必須施加制裁時，才能發揮足夠的影響力。因此，日本企業必須加強競爭力，才能夠提高經濟制裁的效果。總而言之，想要善用第三個相互依存陷阱，最大的重點就是必須降低對他國的依賴，同時還要加強他國對本國的依賴。

日本在二〇二二年五月推動的《經濟安全推進法》，正好就是以上述發展動向為目標，若能實現這項法案，日本經濟就不再如此脆弱，也能避免落入第三個相互依存的陷阱，反而更能靈活應對各種國際局勢的變化，會在第三章詳述。妥善運用於政治手段，能源與資源肯定是一大利器，其他像是半導體等戰略物資，甚至是一般貿易的物資，也都有可能成為武器。我們除了要思考資源和能源問題，更應該事先備妥局勢變化的因應之策。

第2章

中東局勢與能源問題

資源、能源問題與中東局勢密切相關

對日本而言，資源能源問題與中東局勢息息相關，因為日本能源自給率僅有百分之十左右，原油主要仰賴從中東進口，比例高達百分之九十四（圖2-1）。

從進口國別來看，由上至下的排序是沙烏地阿拉伯、阿拉伯聯合大公國（UAE）、科威特和卡達。

另一方面，中東地區自古以來原油生產國家就非常多，各國也都有自己的想法，局勢

圖 2-1　日本進口原油的國家

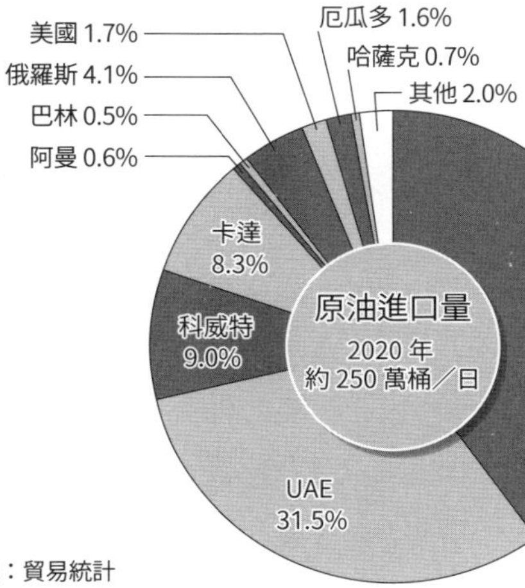

出處：貿易統計

圖 2-2　中東運往日本的主要航線

參照：防衛省官網

經常處於不穩定的狀態。特別是產油國開往進口國的油輪，都會經過波斯灣或紅海，每當武裝組織在那裡對油輪展開襲擊，都會對世界經濟帶來巨大打擊。

其中波斯灣的荷姆茲海峽和紅海的曼德海峽都是咽喉點（Choke Point，戰略要衝，圖2-2），其他還有馬來西亞、新加坡、印尼以及亞丁灣、蘇伊士運河，都是運送物資的必經之路，因此只要掌握這些地區，就會對相關國家的貨物流通造成影響，咽喉點可謂是兵家必爭之地。

中東運往日本的油輪，都必須行經流通容易受到影響的地區，因此承擔著地區局勢不穩的風險。正因如此，日本為了克服極度依賴中東進口原油的現況，也不斷找中東以外的能源供給國，其中一個國家就是俄羅斯。

實現供應來源多元化的阻礙

日俄雙方從一九九〇年代起，就共同推動石油天然氣開發計畫，分別是「薩哈林一號」和「薩哈林二號」（圖2-3）。藉由薩哈林一號，從俄羅斯運往日本的原油，占日本原油進口總量的百分之一點五，而薩哈林二號則提供天然氣進口總量的百分之九點五（二〇二一年能源白書）。

為了拓展更多能源供給來源，但自從二〇二二年俄羅斯侵略烏克蘭後，日本不得不改變策略，停止從俄羅斯進口原油和天然氣。雖然停止從俄羅斯進口原油，但是天然氣當中的液化天然氣，並非G7共同協議對俄制裁的項目，因此還是持續進口。

歐洲從俄羅斯進口的資源中，除了位於深海的北溪天然氣管道輸入的天然氣之

圖 2-3　中俄石油天然氣計畫

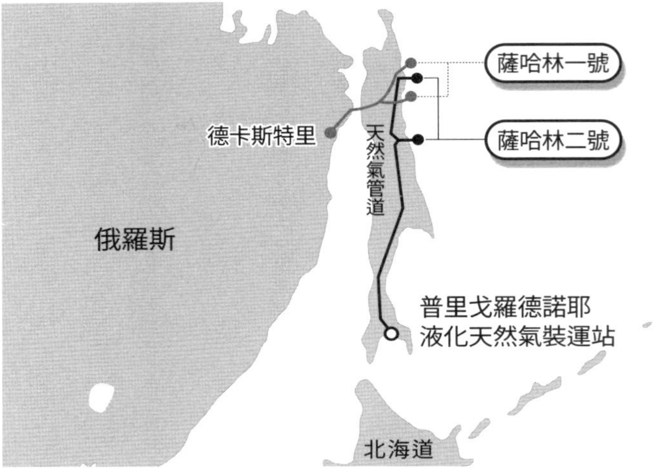

外，還透過各種管道接受供給。但是對俄羅斯展開經濟制裁後，從天然氣管道進口的天然氣便成為禁運的對象。

再者，對俄制裁也造成施加制裁的各國能源價格上漲，可以說是遭到「反噬」。至於未加入制裁的國家包括中國和印度，他們能夠以更低的價格從俄羅斯獲取資源，現在反而更加擴大進口規模。資源與能源的現況呈現出更加複雜的樣貌。

以色列的反擊進一步衝擊能源市場

由於俄羅斯侵略烏克蘭，各國對俄羅斯發動經濟制裁，包含日本在內的西方各國都面臨原油價格高漲的情況，令中東局勢增添更加惡化的不安因素。二〇二三年十月，巴勒斯坦的伊斯蘭組織哈瑪斯發動恐怖行動，攻擊以色列加薩走廊，就是受到對俄制裁的影響所致。

由於曼德海峽周邊是咽喉點，伊朗援助的武裝組織的活動愈發頻繁，各國油輪和民間商船也遭受攻擊，這些行動都讓原油和天然氣的價格發生劇烈變動且影響深遠。

一九七三年十月引發中東石油危機，最初是以色列和阿拉伯聯合共和國發生衝突，之後演變成阿拉伯各國之間的第四次以阿戰爭，石油輸出國組織（OPEC）[14]當中的阿拉伯各國也對援助以色列的國家採取禁止出口的措施。禁止出口措施使得原油價格，從每桶二至三美元上漲到十至十二美元，漲幅高達四

14 石油輸出國組織／Organization of the Petroleum Exporting Countries

圖 2-4　中東有許多咽喉點

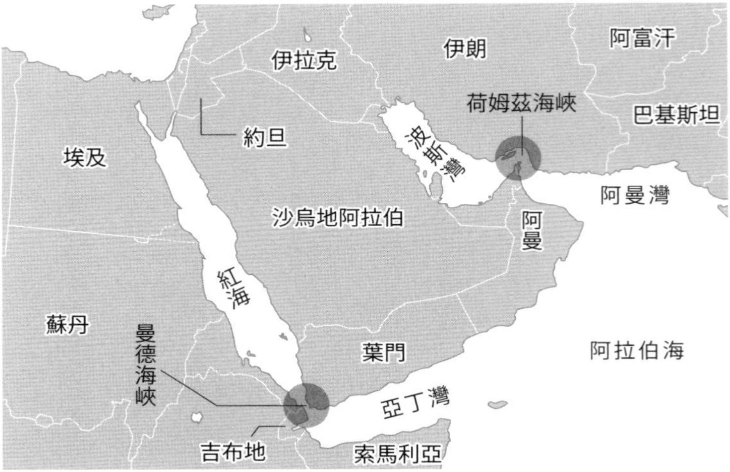

倍。

二〇二三年的加薩事件，會對能源問題造成什麼樣的影響呢？首先從以色列和加薩走廊的局勢來看，可以看出產油國伊朗和沙烏地阿拉伯，以及站在支持以色列一方的美國等各國在盤算什麼。

援助哈瑪斯的全球主要產油國——伊朗

哈瑪斯對以色列展開的攻擊，規模之大，前所未有。二〇二三年十月七日早晨，哈瑪斯從加薩走廊向以色列境內發射大量火箭彈進行攻擊，接著哈瑪斯戰鬥員衝破隔開以色列和加薩走廊的鐵絲網，入侵以色列領土。據傳此次入侵攻擊除了破壞鐵絲網，也有些戰鬥員利用滑翔傘飛越高牆。

入侵以色列境內的戰鬥員，除了殺害了一千兩百人，還抓了兩百五十餘人作為人質。外界推測哈瑪斯抓捕人質的用意，是想當成交換條件，脅迫以色列釋放關押在監獄裡的巴勒斯坦人（約四千五百人）。戰力懸殊並處於弱勢的哈瑪斯，過去也曾多次採取人質戰術與以色列交涉，來改善巴勒斯坦現狀。針對哈瑪斯的恐怖行動，以色列也隨後馬上展開報復，對加薩走廊施以大規模攻擊，截至二〇二四年四月，加薩走廊的死亡人數已經超過三萬名。

哈瑪斯的攻擊看似突如其來，但其實，自二〇二三年起以色列和巴勒斯坦就處於高度緊張的關係。以色列每年都會對巴勒斯坦發動攻擊，而哈瑪斯也會進行報復，但是在二〇二三年十月以前，約旦河西岸地區的死亡人數，已經達到史上最多。七月時，以色列在約旦河西岸地區發起至今最大規模的軍事作戰，起因是非法遷移到約旦河西岸的以色列人，用暴力奪取巴勒斯坦人的土地。

哈瑪斯發動大規模奇襲作戰的背景，可以提出許多原因，其中一項就是二〇二〇年八月，美國總統川普居中調停，讓以色列和沙烏地阿拉伯建立更緊密的外交關係。同一個月，川普總統為了實現以色列和阿拉伯聯合大公國外交正常化，協調雙方締結《亞伯拉罕協議》[15]，川普也認為這是他任內的一大政績。

另一方面，哈瑪斯則害怕，「這樣下去，阿拉伯社會傾向認同以色列，進而對巴勒斯坦的訴求視而不見」。

此次攻擊引起以色列的報復，在加薩走廊發動地面戰，導致多數巴勒斯坦人在戰爭中遭受死傷，最終可能擴大為整個中東的衝突。令人好奇的是援助哈瑪斯的伊朗到底在盤算著什麼。

在世界原油蘊藏量排名中，伊朗次於沙烏地阿拉伯，以第三名著稱（第一名是南美的委內瑞拉），生產量則排第四位。詳細的內容並不明確，但主要出口大多都是銷往中國。

過去日本總進口量的百分之十都是從伊朗輸入，同時也在二〇〇四年取得伊朗阿薩登岡油田的開採權。然而，在之後詳述的對伊朗經濟制裁當中，我們可以看到日本不得不退出開採，再加上川普政府宣布退出伊朗核協議，並恢復對伊朗的制裁，目前日本完全沒有從伊朗進口原油。

另外，伊朗也是天然氣的出口國，蘊藏量排名世界第二位，生產量則是第三位。伊朗的天然氣大多都留在國內使用，而主要的最大出口國仍舊是中國，同時也出口給土耳其和伊拉克。

伊朗援助哈瑪斯的資金，就是來自出售天然資源的所得。伊朗是一個伊斯蘭教國家，主流信仰是伊斯蘭教中的什葉派，國內公職人員和政界高層人士，大多都是什葉派的神職人員，而哈瑪斯則是伊斯蘭教遜尼派的武裝組織，就宗教意義上來說，伊朗和哈瑪斯之間存在一定的距離。從民族的觀點來看，伊朗民眾以波斯人為主，而哈瑪斯則是由阿拉伯人組成。伊朗和哈瑪斯相互合作的原因，最主要還是雙方都仇視以色列，並不是民族或宗教因素導致。

15 猶太教和伊斯蘭教都信奉舊約聖經，認為人類的祖先是亞伯拉罕，因而以此命名。

伊朗的動向對資源市場影響甚大

在說明伊朗與哈瑪斯的關係之前，必須先對哈瑪斯這個組織有一定的了解。哈瑪斯對以色列發動恐怖攻擊之後，有些國家認定哈瑪斯是「恐怖組織」。雖然哈瑪斯的確會實行武裝攻擊和自爆恐怖行動，但同時也是一個在加薩走廊展開宗教活動的組織。然而，一九八七年第一次巴勒斯坦大起義（巴勒斯坦居民對以色列發起的大規模抗議活動），哈瑪斯以此為契機強化自身武力，其後在政府部門內的權力也變得強大，並透過選舉獲得議會席次，進而支配加薩走廊。

二〇二四年一月隸屬聯合國的組織近東巴勒斯坦難民救濟和工程處（UNRWA）[16]，職員中有哈瑪斯成員，或是參與哈瑪斯奇襲的成員，成為一大問題。支持以色列的國家和各國都暫時停止對聯合國近東巴勒斯坦難民救濟和工程處出資，僅僅因為聯合國近東巴勒斯坦難民救濟和工程處部分職員（疑似）是哈瑪斯成員，把聯合國近東巴勒斯坦難民救濟和工程處和哈瑪斯一視同仁應該是錯誤的決定。之後，隨著各種調查展開，以色列主張聯合國近東巴勒斯坦難民救濟和工程處與哈瑪斯關係密切一事，也沒有找到充分的證據，而停止贊助聯合國近東巴勒斯坦難民救濟和工程處的國家也漸漸恢復出資。另外，由於聯合國近東巴勒斯坦難民救濟和工程處在加薩走廊對巴勒斯坦難民提供救濟，長久以來被以色列視為眼中釘，因此一有機會就想讓它失去權威性聯合國近東巴勒斯坦難民救濟和工程處。

哈瑪斯不只有軍事部門，也有政治部門，該部門成員在加薩走廊擔任議員或公務員，並且擁有宗教窗口。這些成員一般不會被稱為「恐怖組織」，而是稱為「伊斯蘭組織」，使用武力的成員都隸屬哈瑪斯「軍事部門」，通稱為卡桑旅。哈瑪斯的軍事部門，被以色列、美國、歐盟和英國等國視為恐怖組織，但是聯合國並未將其認定為恐怖組織。甚至援助哈瑪斯的國家是伊朗，提供資金、武器和訓練也是事實。如果只看恐怖組織的那一面，恐怕會對哈瑪斯產生誤判。究竟，為什麼伊朗會援助哈瑪斯呢？

伊朗並不認同以色列是一個國家，而哈瑪斯又與以色列處於對立的位置。因此伊朗和哈瑪斯都將以色列視為「共同的敵人」，從而產生援助的關係。然而，即使

16 聯合國近東巴勒斯坦難民救濟和工程處／United Nations Relief and Works Anency for Palestine Refugees in the Near East

提供資金和武器，伊朗也無法對哈瑪斯下達指示或命令。因此，以色列和哈瑪斯之間的紛爭，也可能將伊朗捲入這場地緣衝突，但是機率並不是很高。

實際上，二〇二四年四月，以色列轟炸位於敘利亞首都大馬士革的伊朗大使館，並殺害了以大使館為行動據點的伊朗革命防衛隊幹部。伊朗認為對本國大使館發動攻擊，就等於是攻擊伊朗，因此對以色列展開報復攻擊，雖然動用總數約三百架無人機和飛彈，但是並未對以色列造成嚴重的損失。而以色列又展開反擊，攻擊了伊朗的軍事設施。不過，上述攻擊的目的都不是為了造成大規模的傷害，外界認為這只是雙方之間的「交涉手段」，之後也沒有發生更大規模的衝突，因此各國認為局勢已獲得控制，不會再發生更大的紛爭。

真主黨不會擴大衝突

考慮到此次衝突與伊朗的關係及後續影響，最重要的是對中東地區的看法，觀察視角必須從「點」轉移到「面」。

以色列在加薩走廊發動地面戰，就是想從「面」來壓制，為了殲滅支配加薩走廊的哈瑪斯，才會一直持續發動進攻。即使民眾被當成人質，以色列還是以殲滅哈瑪斯作為優先考量，不斷發起地面戰。雖然報導指出有九千名哈瑪斯戰鬥員遭到殺害，但就加薩走廊死者總人數來看，不知道有多少無辜民眾受到波及。就上述狀況來看，從「面」的角度分析加薩走廊，恐怕戰爭還會持續下去。

另一方面，以色列在二〇二四年四月發動飛彈攻擊後，伊朗展開反擊，還有以色列北部，伊斯蘭教什葉派勢力真主黨持續發起的小型衝突，都只能算是「點」狀的零星衝突。真主黨是黎巴嫩的組織，也是對抗以色列的勢力。真主黨和伊朗的關係比哈瑪斯還深厚，外界認為就是真主黨提供最先進的武器給伊朗。照理說真主黨與以色列處於對立的位置，應該會對哈瑪斯提供協助，但是就真主黨的觀點來看，伊朗在沒有知會真主黨的情況下，就決定援助獨斷行動的哈瑪斯，此舉並不合理。更何況伊朗援助哈瑪斯，就相當於伊朗加入真主黨和以色列的紛爭，結果恐怕會讓援助以色列的美國，也介入這場紛爭。因此，真主黨並不響應哈瑪斯的行動，只是在一旁觀察。總之，哈瑪斯與真主黨的共通點，就只是雙方都接受伊朗的援助，成為對抗以色列的夥伴而已。

真主黨在二〇〇六年和以色列展開大規模戰鬥，最終無法戰勝以色列。因此，以色列一直提防真主黨加入戰局，現階段雙方的戰鬥都僅止於「點」，並無全「面」開戰的跡象。

二〇二四年一月二日，以色列針對真主黨的據點黎巴嫩展開空襲，殺害了潛伏於其中的哈瑪斯幹部，這場戰鬥也是「點」狀攻擊，對此真主黨並未展開大規模報復。因為真主黨認為此事只是針對哈瑪斯的攻擊，並非以真主黨作為主要目標。

接受伊朗援助的胡塞武裝組織

還有一個組織也接受伊朗援助，就是葉門反政府組織胡塞派。

胡塞派是一支在葉門活動的武裝勢力，領導勢力是胡塞一族，信奉隸屬於伊斯蘭什葉教派的宰德派。就伊朗什葉教派（十二伊瑪目派）的視角來看，宰德屬於異端教派，但胡塞派和沙烏地阿拉伯跟以色列處於對立的關係。因此，與其說胡塞派與伊朗有宗教上的關聯，兩者之間是因為地緣關係才會相互合作。二〇一四年，胡塞派將葉門首都沙那納入支配而開啟內戰，葉門鄰國沙烏地阿拉伯由遜尼派握有主導權，與美國一同援助葉門政府，自二〇一五年起介入該內戰。沙烏地阿拉伯在這場戰役中，投入大量的戰爭資金，經過七年仍舊無法清除胡塞派。

一旦葉門國內受伊朗影響力滲透的胡塞派勢力壯大起來，將對紅海、曼德海峽和亞丁灣的船隻航行造成阻礙。若想封鎖連結以色列和亞洲、歐洲的航線，對上述咽喉點發動飛彈攻擊即可達成目的。沙烏地阿拉伯和歐美各國，都認為胡塞派是伊朗的代理勢力，倘若讓其控制咽喉點，將會提高發生危機的可能性，因此沙烏地阿拉伯會提供援助給與胡塞派對抗的勢力。

胡塞派對哈瑪斯表現出合作意向，接受伊朗提供的飛彈和無人機，持續對行經紅海的商船展開攻擊。透過攻擊與以色列有關的船舶，迫使船隻所屬的船公司負擔更多成本，想讓歐美各國對以色列施加壓力，讓以色列停止對加薩展開攻擊。話雖如此，胡塞派這麼做也不是想對以色列，或者支持以色列的英美等國家聯盟全面宣戰。

雖然胡塞派接受伊朗的武器援助，但也和哈瑪斯一樣，並不直接受伊朗指揮。胡塞派的戰略是希望透過封鎖紅海，對國際社會造成影響，進而提高要求以色列停戰的壓力。

封鎖紅海導致原油價格上漲

自從一九七九年伊朗伊斯蘭革命發生後，伊朗就轉為反美陣營，在中東地區對反美、反以色列勢力提供援助，而美國的態度也大幅轉向為敵視伊朗。因此，中東地區局勢日益緊張，也有許多人主張：「為促使中東穩定，應該藉此機會徹底擊潰伊朗」。拜登也極力避免被人認為是「對伊朗束手無策的總統」，然而即使拜登政府為了平息國內輿論壓力，對伊朗的據點或是親伊朗的組織展開攻擊，卻也難以阻止伊朗及親伊組織的行動。

實際上，二〇二四年四月敘利亞發生伊朗大使館轟炸事件，伊朗展開報復，發動三百架無人機和飛彈攻擊以色列，而拜登政府明顯未協助以色列進行反擊。美國和伊朗一直是處於對立關係，以色列因而期待美軍前來援助，但是美國判斷一旦直接介入，將使中東秩序更加不穩定，更可能如同陷入泥沼般，開啟一場無法自拔的戰爭。

再者，以色列對加薩走廊發動猛烈攻擊，美國國內抨擊的聲浪也十分高漲，而且若是美國援助以色列，與伊朗展開戰爭，國內輿論反彈也會更加強烈，因此拜登政府只能貫徹不直接參與的方針。

光從胡塞派的現狀來看，他們既然能夠挺過長達七年的內戰，必然不會輕易退縮。對胡塞派展開攻擊帶來的結果，也只會是徒勞無功，各國對美國的控制力也會失去信心，這個局面已隱然形成。

繞行好望角導致燃料成本激增

二〇二三年末，美國就與志同道合的各國組成聯盟，共同護衛航行在紅海上的商船。相對的，伊朗也在二〇二四年初，派遣軍艦到紅海，企圖藉此牽制美國的行動。彭博社（Bloomberg L.P.）指出，行經紅海的物流航線正處於堵塞狀態，從中東運輸原油和液化天然氣到歐洲變得十分困難，歐洲的供需平衡崩解，導致原油價格水漲船高（二〇二四年一月二十四日報導）。胡塞派對航行在紅海上的船舶發動攻擊，雖然僅侷限於「點」狀攻擊，但這些攻擊可能轉化成蘇伊士運河到曼德海峽的全「面」封鎖，顯得至關重要。

胡塞派封鎖紅海，對全世界的物資流通造成極大影響，舉例來說，孟加拉的纖維製造商，要將商品運往歐洲時，就必須行經紅海，然而由於封鎖的關係，不得不改為繞行好望角的航線，不僅造成交貨延遲，同時也提高了成本。還有從烏克蘭經由蘇伊士運河，運往非洲和亞洲的穀物也受到影響，出口量也隨之減少。

那麼，封鎖紅海究竟會對全世界帶來什麼樣的影響呢？

全世界的貿易物流通道，「紅海」就占了約三分之一，而物流正是支撐世界經濟的重要因素。若避開紅海改為繞行好望角，不僅增加航行時間，燃料成本也跟著上升（圖2-5）。舉例來說，若在二〇二四年一月二十五日運送一個四十呎貨櫃，運費是三千九百六十四美元，相較於二〇二三年十月五日以哈爆發衝突前，整整提高了三倍之多（取自英國航運諮詢機構德魯里）。

其中又以歐洲各國受到的影響特別巨大，紅海被封鎖之後，歐洲各國從亞洲進貨變得困難，而且從中東進口天然氣的難度遽增。原本歐洲仰賴從俄羅斯進口天然氣，發動對俄制裁之後，就不能透過俄羅斯進口天然氣。整個歐洲甚至是德國都迫

圖 2-5　紅海航線和好望角航線

不得已撤回廢核的方針，並且對美國的天然氣產生依賴。

以色列、美國對伊朗的外交政策成為關鍵

歐盟在二〇二四年一月底，決定加強紅海航線的護衛行動，由於紅海被封鎖導致貨物成本上升，恐怕會引發通貨膨脹，對歐洲各國而言更是生死存亡的大問題。

但是，葉門的胡塞派可以從陸上攻擊行經紅海的商船，若想完全阻斷這些攻擊，就

必須派遣地面部隊。倘若以色列不停止對加薩走廊的攻擊行動，就無法克服紅海航運的威脅，同時也難以維持紅海地區的安定。

關於維持地區的安定，過去伊朗和美國曾經就此議題展開協調，特別是對伊朗發動的經濟制裁，以及川普政府退出伊朗核協議後的美伊關係。由於我本人是聯合國對伊制裁專家小組的成員，後續章節會詳細說明聯合國如何制裁伊朗。

由於拜登政府概括承受上一任川普政府所留下的「負資產」，而且川普在拜登之後回鍋接任美國總統，也要面對這個問題。而外交上所實施的協議、架構及制裁等手段，也都會對資源動向和能源價格帶來巨大的影響，因此接下來我想再次回顧、整理美國與伊朗的外交關係。

對伊朗的金融與原油施加制裁

伊朗核協議的正式名稱是二〇一五年締結的《聯合全面行動計畫（JCPOA）[17]》。伊朗在二〇〇七年受到聯合國制裁，二〇一三年開始出面交涉，直至二〇一五年終於簽訂伊朗核協議。「制裁」是為了讓目標國出面交涉，不使用武力讓對方改變行動的一種手段，也就是說此次對伊朗的制裁，確實「成功」達到目的。

聯合國制裁伊朗時，就鎖定在禁止開發核武的相關交易。而制裁的效果也隨著各階段逐漸增強，除了武器禁運之外，還更進一步針對革命防衛隊包括其幹部與防衛產業等組織的制裁，最終順利凍結相關資產。以歐美為首，各國都各自實施單邊制裁政策，其中美國利用美元作為全球貿易主要結算貨幣的優勢，實施金融制裁後，終究讓伊朗願意與聯合國安全理事會五個常任理事國中國、法國、俄羅斯、英國與美國，加上德國所組成的六國集團（P5+1）[18]進行交涉。

由於制裁讓伊朗的金融和原油受到限制，但伊朗國內希望解除制裁的呼聲十分強烈，直到二〇一三年總統大選，原本強硬保守派的阿赫馬迪內賈德（Mahmūd Ahmadīnežād）落選，改由溫和保守派的羅哈尼（Ḥasan Rowḥānī）當選，此次政權

17 聯合全面行動計畫／Joint Comprehensive Plan of Action

18 聯合國安全理事會五個常任理事國 Permanent Five（中國、法國、俄羅斯、英國、美國），加上德國的六國集團。

轉移成為決定性的轉捩點，伊朗於是出面與各國談判。

聯合國制裁和各國的單邊制裁，究竟對伊朗造成什麼樣的影響，詳細情況難以推測，只能說兩者都發揮了作用，但各國單邊制裁若少了聯合國制裁，效果必定有限，美國脫離伊朗核協議後，也發動過單邊制裁，但是很明顯可以看出效果不彰。更進一步來說，可以看出聯合國的制裁效果比較顯著。

影響伊朗精英階層的「針對性制裁」

伊朗核協議成立前，聯合國對伊朗施加制裁，而這次制裁是繼北韓之後，第二次為了保障核導彈不擴散而實施的「針對性制裁」。所謂針對性制裁，目的是為了不讓受制裁國家的公民，受到太大的打擊，同時也能讓統治階層遭受到最大的打擊。

二〇〇二年，美國總統喬治．布希，就指名伊朗、北韓、伊拉克是「邪惡軸心」，伊朗和北韓都透過「核武黑市」交易，取得巴基斯坦「核彈之父」阿卜杜勒．卡迪爾．汗的核武開發技術，因此極有可能暗中開發核武。二〇〇二年，伊朗

圖 2-6 伊朗的核能相關設施

反對派向美國提出伊朗正進行開發核武的決定性證據，伊朗開發核武的事實就此公諸於世。

二〇〇五年，伊朗舉辦總統大選，由強硬保守派阿赫馬迪內賈德獲選總統，就在伊朗西部的阿拉克建造重水反應爐（能夠利用非濃縮的鈾，輕易抽取出鈽元素的反應爐），並在伊朗中部的佛多和納坦茲，增設離心分離機，以利加快開發核能。

使得聯合國對伊朗施加

圖 2-7　對伊朗制裁的內容與決議時期一覽

決議時期	制裁內容
2006 年	一七三七號決議：禁止濃縮鈾等核工業相關活動，凍結活動相關人物的資產，並限制出境。
2007 年	一七四七決議：禁止出售、轉移武器給伊朗。
2008 年	一八〇三決議：禁止伊朗核導彈開發相關人員出境，並允許在機場檢查運往伊朗的貨物。
2010 年	一九二九號決議：禁止彈道導彈相關活動，並「請求」在公海上檢查運往伊朗的貨物。
2013 年	JPOA※（聯合行動計畫）第一階段核決議。
2015 年 7 月 14 日	JCPOA（聯合全面行動計畫）亦即「伊朗核協議」成立。
2015 年 7 月 20 日	二二三一號決議：根據伊朗核協議逐項解除對伊制裁。
2018 年	川普政府退出伊朗核協議，美國展開單邊制裁。
2019 年	伊朗重新啟動核濃縮。
2020 年	拜登政府探討重返伊朗核協議，透過歐盟仲介，美國與伊朗重新開始交涉。
2022 年	歐盟公布提案，呼籲各國針對伊朗核協議重啟談判。
2023 年	美國和伊朗進行囚犯交換並解凍資產，伊朗總統萊希在聯合國發表演說，敦促美國重返伊朗核協議。 伊朗對美國抱持強烈的不信任感，伊朗核協議重啟的可能性極低。

※Joint Plan of Action

制裁。若是伊朗擁有核武，不只是美國，就連中東地區和伊朗為敵的國家，如以色列和沙烏地阿拉伯等國，都會感到威脅。再者，當時伊朗已簽署核武不擴散條約（NPT，北韓在實施核實驗前，宣告退出核武不擴散條約），依據該條約規範，伊朗的核能設施本應受到國際原子能總署（IAEA）[19]監管。但是，伊朗未遵循條約進行申告，並再三無視聯合國安理會的告誡，仍舊持續開發核武，聯合國安理會便決定對其展開制裁。

直到伊朗核協議簽訂為止，對伊朗制裁的相關制裁有四項（圖2-7）。最初的決議，是二〇〇六年聯合國安理會第一七三七號決議。該決議的目標是對伊朗的精巧打擊，禁止的項目有「所有與濃縮鈾與核燃料再處理的研究開發」，以及「建設使用重水的研究反應爐在內的所有重水反應爐計畫」。一七三七號決議一再強調，制裁對象僅針對核武開發相關活動，以及與活動相關的人物，對一般人民的生活，並不會造成太大的衝擊。

為了讓伊朗停止開發核武，聯合國安理會利用了「核子供應國集團

19 國際原子能總署／International Atomic Energy Agency

（NSG）[20]」所規定的出口管制清單，禁止該清單上管制項目的交易。但是，俄羅斯對伊朗的布什爾核電廠（當時中東地區唯一啟用的核電廠，由俄羅斯提供燃料，並為其保管使用後的核廢料）提供輕水反應爐的相關技術，而該技術正好是核子供應國集團清單上的非管制項目。

一七三七號決議的對象鎖定在極小範圍，即使是軍民兩用的項目，也僅限定於與核武開發相關的高規格產品，該制裁在設計時便考慮到盡量不對一般經濟活動造成影響，因此才稱作「針對性制裁」。

再者，此項決議針對核武開發的禁止事項也包括「任何技術援助及訓練、財政轉移」，所有加盟國都有義務在制裁指定的個人入境時，向聯合國安理會制裁委員會通報，並且也有義務凍結制裁指定的個人及團體名下「資金、其他金融資產及經濟資源」。

一七三七號決議算是金融方面的制裁措施，但是僅限於與核武開發活動相關的個人和團體擁有的資產，這也就是貫徹了「針對性制裁」的理念。

針對伊朗運輸核彈手段的處置

聯合國安理會第一七三七號決議當中，包含「經濟資源」的制裁，關於經濟資源的議論，融入了對過去制裁措施的反思與經驗。舉例來說，波斯灣戰爭之後，由於伊拉克疑似開發大規模殺傷性武器，聯合國安理會決議提出的經濟制裁，就使得伊拉克經濟陷入困境，卻仍無法讓伊拉克政府改變行動。

另一方面，國際社會也出現批評的聲音，認為制裁是惡意侵害伊拉克人民的經濟活動和生存權利，原本伊拉克政府就對民眾採取高壓管理，而制裁又讓伊拉克人民更加窘迫。因此，聯合國安理會發動的制裁，卻引來迫害伊拉克人民的批評。於是各國達成共識，當聯合國施加制裁之際，就必須考慮到人道精神。

因此，一九九九年到二〇〇〇年代初期，聯合國開議檢討制裁的理想做法，採用了以下具體的協商過程，包括因特拉肯流程（針對金融制裁）、波恩柏林流程（針對禁運武器）和斯德哥爾摩流程（針對瞄準制裁），最終決定制裁的對象應該

20 核子供應國集團／Nuclear Suppliers Group

針對統治階層，不能對一般民眾造成過大的影響，這就是「針對性制裁」概念產出的過程。而制裁的具體項目，扣押統治階層所握有的金融資產、股票與動產。

這裡的動產包括船舶、飛機，假設一家企業成為制裁對象，只要登記在其名下的船隻在靠港時，或是飛機行經領空時，就可以扣押該項資產。實際上，凍結資產十分困難，但是若想讓制裁確實發揮效果，就必須把「資產」的定義設定得更廣泛，才能有效扣押核武開發相關企業的資產。

然而，聯合國認為制裁能讓伊朗政府改變的可能性極低，因此又提出其他決議。二〇〇七年三月通過一七四七號決議，禁止提供、販售及轉移武器及相關項目給伊朗，這項措施是為了封鎖伊朗運送核彈頭。在伊朗主導開發導彈的組織並不是國防部，而是伊朗的伊斯蘭革命衛隊。

革命衛隊是一九七九年伊朗伊斯蘭革命後創立的組織，為了支持革命政府，伊朗政府在革命開始前，就著手建立這支有別於正規軍的組織，該組織從一九八〇年起，就是伊朗伊斯蘭革命的核心武裝力量。因此，革命衛隊是一支精英部隊，比正規軍還要受到重視。該部隊不僅是一個軍事組織，影響力甚至擴及國內建築業、製造業等產業，能夠左右伊朗國內經濟。核導彈也是由革命衛隊負責開發，革命衛隊並不受命於總統，而是直接聽命於伊朗最高領袖所領導的軍事組織，因此能夠直接向政府施壓與交涉。

革命衛隊可以無視總統推動的外交政策，獨自採取行動，然而伊朗政府並不希望該組織完全獨斷行動，因此最終決策還是來自於最高領袖的判斷，而負責支持最高領袖決策的最高國家安全保障會議則負責協調行政部門、革命衛隊、正規軍與革命衛隊之間的關係。還將提供資金支持革命衛隊活動的相關機構納入制裁範圍，其中包括由革命衛隊擁有的工程公司「戈爾博集團」以及國防工業機構等組織。

二〇〇八年三月，由於伊朗持續開發鈾濃縮，聯合國安理會又通過一八〇三號決議，執行追加制裁。該項決議要求所有聯合國加盟國，禁止伊朗核導彈開發相關人員入境。該決議還明確記載，要求所有加盟國可以針對伊朗出口的特定貨物進行檢查。

專家詳查伊朗規避制裁的手段

二〇〇九年伊朗總統大選，阿赫馬迪內賈德再度當選，但是該次選舉明顯有舞弊行為，引來國際社會的眾多質疑，導致伊朗年輕人主導的抗議運動（綠色革命）愈演愈烈，使得阿赫馬迪內賈德政府和革命衛隊麾下的維安部隊以武力鎮壓抗議運動。阿赫馬迪內賈德政府認定該運動接受境外勢力援助且有意顛覆國家，政府故而透過鎮壓並加速核武開發的進程。

因此，聯合國以美國為代表，提出更強力的制裁法案，二〇一〇年六月，聯合國安理會以十二票贊成、兩票反對（巴西、土耳其）、一票棄權（黎巴嫩），通過第一九二九號決議。該項決議不僅禁止出口武器給伊朗，只要是聯合國常規武器登記冊[21]記載的武器，也禁止運往伊朗。聯合國認為這些武器只要進入伊朗，都會被用來作為鎮壓人民的武器，因此也列入制裁項目當中。另外，一七三七號決議尚未限制使用導彈技術的飛行器（包括投放衛星的火箭）實驗等項目，因此在一九二九號決議中也列入禁止項目。

一九二九號決議還新增一項措施稱為「滴水不漏（Catch-all）」，該條款規定，即使未列入禁止交易清單的項目，只要加盟國「政府認定有足以採信的根據」，就能禁止能夠用於核開發活動的交易。包括日本在內有許多國家都將滴水不漏條款列為國內出口管制清單中，聯合國安理會也採用該決議，期望能提高制裁效果。

舉例來說，假設有一項出口到伊朗的產品，即使沒列在核子供應國集團等限制清單上的項目，但是伊朗企圖改造成更高規格的項目，就算這項產品未列入限制清單，出口國政府也有權扣押。因此，利用「低於門檻（Below the threshold）的產品」來規避制裁也變得更加困難。

另外，該決議還落實了先前提及的「斯德哥爾摩進程」，這是一項旨在改善聯合國制裁機制的計畫，並已在討論中達成了一系列成果。為了防止因規避制裁而導致的效果低落，最重要的課題在於保障聯合國安理會、安理會制裁委員會、各會員國、國際機構，以及企業和貿易業者等組織能夠一致合作，有效提升執行制裁的效

---

21 聯合國常規武器登記冊／United Nations Register of Conventional Arms

果。

斯德哥爾摩流程設立了「專家小組」，讓各領域專家能夠交流意見。專家小組的任務，是收集、詳查、分析情報後，向制裁委員會和聯合國安理會報告，這項措施也是一九二九號決議首次採用。我也曾以專家加入伊朗制裁小組，這項措施不僅能獲取核武開發的產品和相關技術資訊，還能追蹤金融活動以及受制裁個人的經濟網絡，使得制裁在執行上更加清晰明確。

一般制裁委員會是由聯合國安理會成員國的外交官擔任，而我所參與的專家小組則獨立於聯合國安理會、制裁委員會和聯合國之外，該小組僅由以個人身份加入的專家所組成。但是也有一些人並非是以專家身分參與其中，而是承擔著各國的政治考量與意圖。以制裁伊朗為例，有些國家認為若是小組過於嚴厲執行制裁，可能會進一步刺激到伊朗，從而讓核協議的交涉更加窒礙難行。因此，有些國家會追求比較溫和的手段來執行制裁，就會派員在小組中提出各國的需求。而且專家小組不僅要在搜查與調查上達成共識，更麻煩的是必須與加盟國進行交流。透過不斷地重覆交涉，讓制裁的實際手段逐漸成形，這就是組成專家小組的核心目標。

另外，專家小組在收集、分析情報的過程中，透過與加盟國交涉，針對伊朗規避制裁的手段交換意見，達成外展（Outreach）的作用，也就是商議過去制裁範圍以外的資訊，這對有效實施制裁具有極大的貢獻。

企業在伊朗或美國之間被迫二選一

談論聯合國解除對伊朗的制裁之前，必須先論及對伊制裁發揮成效的必要條件，也就是各國實施的單邊制裁。

特別是聯合國主導的「針對性制裁」，目的在於禁止特定行為，以期不會衍生出制裁之外的「痛苦」，因此光憑針對性制裁，難以讓目標國改變行動。另外，伊朗在制裁中也找到各種漏洞，例如先前提及的「低於門檻的產品」，就是「突破制裁」的一種手段。因此，單邊制裁就能彌補聯合國制裁的不足之處，可謂意義重大。

單邊制裁當中發揮最大作用的手段就是美國實施的「次級制裁（Secondary Sanctions）」。二〇一二年美國基於《國防授權法案》，授權給美國財政部外

圖 2-8　對伊制裁的次級制裁中，繳納罰款給美國財政部的企業

年	企業	罰款金額（美金）
2012	滙豐銀行金融服務 HSBC Bank Financial Services	$1,256,000,000
2012	渣打銀行金融服務 Standard Chartered Bank Financial Services	$667,000,000
2012	荷蘭國際銀行金融服務 ING Bank N.V. Financial Services	$619,000,000
2013	東京三菱 UFJ 銀行金融服務 Bank of Tokyo-Mitsubishi UFJ Financial Services	$259,000,000
2014	法國巴黎銀行金融服務 BNP Paribas S.A. Financial Services	$8,960,000,000
2015	德國商業銀行金融服務 Commerzbank AG Financial Services	$258,000,000

（出處：根據美國財政部資料）

國資產控制辦公室（OFAC）[22]，得以勒令非美籍人士和企業退出美國市場。

非美籍企業（例如日本企業）若是和美國單邊制裁對象（被列為指定制裁對象的伊朗企業）進行交易，美國財政部外國資產控制辦公室就能勒令該非美籍企業停業，並且列入黑名單。為了從黑名單上除名，非美籍企業必須繳納鉅額罰款（圖2-8）。

對於非美籍人士與企業而言，次級制裁帶來的影響十分巨大，一旦被發現與伊朗進行交易，就必須退出美國市場，也就是說非美籍企業，被迫在美國與伊朗之間做出選擇。

從市場規模來看，一旦脫離美國市場，就無法經營國際商務活動，因此非美籍企業必須謹慎避免與伊朗交易，以免成為次級制裁的對象。

當然，有些中小企業並不依賴美國市場，伊朗可以期待與這類企業交易，但這麼做絕非易事，因為美國實施單邊制裁的另一項武器，就是美元是國際交易的通用貨幣。伊朗國內個人或團體，想要進行對外經濟活動時，大多都是使用國際貿易慣用的美元。

即使與非美籍企業做生意，只要使用美元，就必須透過美國的銀行來進行通匯交易[23]，此舉自然在美國管轄範圍內。美國當局會監控國內金流，包括透過外幣匯

22 美國財政部外國資產控制辦公室／Office of Foreign Assets Control
23 為了進行國際匯兌交易，國內金融機構與海外金融機構締結的代收代付契約。

兌的中間銀行，必要時便能行使國內法來終止伊朗與非美籍企業的交易。

由於美元是國際結算貨幣，且多數非美籍銀行只要在美國境內營業，受到美國次級制裁的影響就非常巨大。另外，俄羅斯擁有天然氣等資源，許多國家依然和俄羅斯維持著貿易關係（美國也和俄羅斯保持部分交易），因此無法實施次級制裁。然而，美國正逐步擴大制裁範圍，一些與受制裁的俄羅斯企業有業務往來的第三國（如中國）企業和銀行也遭到鎖定。

歐盟實施單邊制裁導致伊朗孤立無援

美國的制裁無疑是最有力的單邊制裁。在制裁伊朗時，歐盟的制裁也具有重要意義。伊朗的經濟仰靠原油出口，而且大都集中出口到歐洲，因此歐盟在二〇一二年起禁止進口伊朗原油，對伊朗經濟造成極大的衝擊。

當時，歐盟的進口量占伊朗原油總產量百分之十八，是僅次於中國第二大的進口國。二〇一二年一月歐盟達成共識，禁止進口伊朗原油，使得伊朗原油出口量遽減。伊朗以往每天生產四百萬桶，其中兩百五十萬桶用於出口，結果制裁後導致出口量減半，僅餘一百一十萬桶。外界擔憂到供給量不足，進而導致原油價格上漲。

歐盟的單邊制裁，甚至嚴禁運送伊朗產原油的油輪，以及拒絕提供保險給進出伊朗的貨船。這些提供海上保險服務的主要保險公司，在歐盟管轄下的有勞合社和BP Shipping[24]（英國），以及慕尼黑再保險公司（德國）。

原油油輪在海上發生事故的風險極高，後續通常要支付鉅額賠償金，原則上必須投保才能航行，因此歐盟實施禁止提供保險的制裁，使伊朗外匯收入驟減，效果可謂十分巨大。但是，將伊朗的保險制裁挪用到對俄制裁時（設定原油價格上限，倘若某艘油輪運送的原油高於上限價格，就禁止對其提供保險），效果就極其有限。

因為即使俄羅斯國內保險公司理賠能力低落，但只要那些保險公司願意承保，中國和印度這些進口國仍舊可以接受。海上發生事故的風險極大，照理說應該沒有國家可以接受俄羅斯的運送條件，但是因為俄產原油價格低廉，讓各國不計風險也

---

24 總公司在英國的石油公司海事部門，當時英國仍是歐盟加盟國。

要開放進口，因此對俄羅斯實施的保險制裁，無法充分發揮效果。

再者，對伊制裁當中的歐盟單邊制裁，歐盟還命令大多數的銀行將伊朗排除在全球銀行金融電信協會之外，此舉效果顯著。在實施這項制裁後，伊朗無法透過銀行收受原油的貨款，並且完全被迫脫離國際金融市場，陷入孤立無援的境地。此次經驗讓各國對逐出全球銀行金融電信協會的效果，做出過高的評價。甚至在對俄羅斯的制裁中，法國財經部長勒麥爾（Bruno Le Maire）將此手法稱為「金融核武」。然而，考慮到對俄制裁的效果，可以看出先前的評價並不一定正確。

國際貿易結算時，若透過銀行匯款到海外，一般都是使用全球銀行金融電信協會服務。全球銀行金融電信協會是銀行間執行資金移轉時，能夠讓匯款銀行以訊息的形式通知對方銀行匯款的貨幣種類及金額。全球銀行金融電信協會的特徵就像電子郵件一樣，可以傳送文字訊息給對方，因此容易和銀行的系統連線，而且任何幣種都能使用，在大量資金轉移的現代，是廣為使用的自動化通報服務。再者，加盟全球銀行金融電信協會的銀行超過一千家以上，相當於全世界所有金融機構都能使用，這點是一大優勢。全球銀行金融電信協會的總部設在比利時布魯塞爾，隸屬於歐盟管轄。美國的單邊制裁，是基於美國國內法律及總統指示來實施，而歐盟的單邊制裁則基於聯合國安理會決議的請求，在各國國內實施。

歐盟發動制裁的原因，部分是針對伊朗國內侵害人權等情事，基於歐盟法律加以實施，另外還根據聯合國安理會決議，補充針對核導彈開發相關事宜的制裁，如此雙管齊下，可說是提高了制裁的實際效果。

美國前總統歐巴馬推動「無核化世界」

美國在二〇一二年通過《國防授權法案》，同時歐盟在二〇一二年也批准制裁伊朗的措施，伊朗經濟因此受到嚴重的影響。與此相對，阿赫馬迪內賈德政府為了獲得民心，企圖透過普發補助金來彌補減少的國民所得，結果因為大量貨幣流入市場，引發劇烈的通貨膨脹，二〇一二年和一三年的通膨率實質提高至百分之三十。在一片混亂中，二〇一三年八月伊朗總統大選，溫和保守派羅哈尼發表政見，表示將與歐美各國交涉，意圖藉此解除制裁，最終成為伊朗伊斯蘭體制中，首次在第一輪投票得到過半數支持，獲得壓倒性的勝利。

羅哈尼總統就任後，立即安排與 P5+1 進行交涉。羅哈尼總統乘著總統選舉大獲全勝的勢頭，強調政權轉移的新氣象，成功塑造「伊朗已對國際社會開放」的形象。

核談判的第一個重點在於，伊朗和北韓最大的差別，就是伊朗並未宣告脫離核武不擴散條約，目前仍舊維持締約國的地位，因此擁有和平使用核能的權利，而伊朗新政府也強調，絕對不會進行軍事核武開發。先前提到一九七九年發生伊斯蘭革命，以及後續占領美國大使館的事件，令美國和伊朗斷交，而此次美國怎麼看待羅哈尼發出的聲明，自然是個重要的問題。

美國總統歐巴馬提出「無核武世界」的訴求，因而得到諾貝爾和平獎，但是在任內並未在核軍縮議題上得到任何成果，最後使得諾貝爾獎項淪為口舌之快。因此，讓伊朗停止開發核武，是朝向「無核武世界」邁進一步的好機會。因此，歐巴馬總統任命國務卿凱瑞（John Forbes Kerry）作為首席談判代表，並將與伊朗的核談判視為任內最優先課題。

二〇一三年十一月，羅哈尼總統就任僅三個月，P5+1 和伊朗就達成共識，簽署聯合行動計畫（JPOA）[25]，該計畫屬於第一階段共識。聯合行動計畫的具體內容要點：其一，伊朗不得進行超過百分之五的鈾濃縮；其二，接受國際原子能總署監管；其三，不得再設置新的離心機。相對的，只要遵守上述規定，伊朗就能出口相當於七十億美元的原油，同時民航機相關的零件制裁也得以解禁。

聯合行動計畫充其量只是中間階段的共識，但是對伊朗而言，這個共識具有對全面解除制裁的期待，因此已經足以讓羅哈尼總統，得以壓制強硬保守派反對和美國談判的聲浪。特別是原油的出口，雖然還設有上限，但已經能讓伊朗賺取外匯。而且自一九七九年伊朗伊斯蘭革命以來，因美國制裁而列為管制對象的飛機零件，也終於有希望能夠取得，至今為止伊朗國內都只有革命前購入的飛機（主要為美國製），因為無法取得零件而面臨嚴重的飛航安全問題，保養不良造成多起飛航事故。因此，放寬飛機零件的限制，也就理所當然被列入聯合行動計畫的優先解禁項目。另一方面，聯合行動計畫的共識也讓 P5+1，特別是美國，認為伊朗是一個值

25 聯合行動計畫／Joint Plan of Action

得信任談判對象。

之後歷時兩年，各國一致朝向最終共識持續進行談判，在最終期限二〇一五年六月底前，美國國務卿凱瑞與伊朗外交官札里夫（Mohammad-Javād Zarīf Khonsārī）連續十六天促膝長談，談判內容極為充實。雖然談判在期限內無法達成共識，於是在兩週後的七月十四日還是簽署了伊朗核協議。

這對之後的伊朗核協議的動向帶來莫大的影響，關於延長兩週的原因，就是過去美、伊兩國的談判都集中在核問題，對於導彈開發和武器禁運，幾乎沒有達成任何共識。

雖然雙方都認為，締結伊朗核協議之後，就能解除所有的聯合國制裁，但是美國認為，根據聯合國安理會一七四七號和一九二九號決議，武器禁運和導彈開發的禁令還會留下，但伊朗方面則認為全面解除聯合國制裁，導彈開發和武器禁運也應該同時解禁。

上述協議卻使俄羅斯首席談判代表暨俄羅斯外交部副部長雷雅布可夫（Sergei Ryabkov）造成誤解，他以為伊朗核協議成立後俄羅斯就能出口武器給伊朗。而美國國務卿凱瑞則表示，若是雙方的認知不一致的話，美國議會將不會通過伊朗核協議，因此必須先達成共識，於是美國要求在往後聯合國安理會的決議中，必須加上相關條文，仍持續禁止導彈開發和武器禁運。

但是，伊朗對此則提出抗議，最終雙方協議納入「落日條款」，也就是武器禁運必須設定期限，加入這個條件後，雙方終於達成共識。而這項「落日條款」在日後，也遭到反對伊朗核協議的保守派，以及敵視伊朗的民主黨政客批評，這也是川普政府單方面退出伊朗核協議的主要原因。沒想到國務卿凱瑞的一點小誤判，對後續核談判和伊朗核協議的動向帶來巨大改變。

透過「回彈機制」恢復對伊朗的制裁

接下來在二〇一五年七月二十日，聯合國安理會通過二二三一號決議。該決議的目的，是依據聯合國憲章第七章，讓 P5+1 和伊朗之間締結的伊朗核協議具有法律約束力。

伊朗核協議限制伊朗只能擁有五千六百臺製造濃縮鈾的離心機，這些離心機的濃縮能力為5000SWU，和日本用於和平用途的濃縮鈾比較起來，濃縮能力約為三百分之一。SWU是天然鈾製成濃縮鈾的必要單位，數值愈大代表離心機的效能愈高，製造濃縮鈾的時間也愈短。伊朗核協議還允許伊朗擁有另外一千零四十四臺，用於研究開發的離心機，低濃縮鈾的儲存量，也從協議簽署前的一萬公斤，調降至三百公斤，協議還更進一步重新設計阿拉克重水反應爐，使其更難抽取鈽元素。

伊朗核協議的簽訂讓聯合國解除制裁，並基於聯合國安理會決議，歐盟也必須解除各項單邊制裁（部分針對侵害人權和出口武器的制裁仍持續）。另外，美國在二〇一二年實施次級制裁時，通過的《國防授權法案》，以及附隨的總統公告（Presidential Directive），也在協議中約定將停止執行，但是適用於美國人和美國企業的主要制裁（Primary Sanction）仍會繼續執行。

為了表現出遵守協議的決心，伊朗除了接受國際原子能總署監管，並自願接受與《全面保障監督協定（Comprehensive Safeguards Agreement）》的追加議定書（伊朗並未批准，但暫定認可其有效性）同級別的監管，但是臨時檢查的申請時間，從四十八小時前改為二十四天前。另外，先前美國與伊朗發生爭執的主因，亦即軍事目的核武開發設施（PMD）[26]，伊朗也同意對此提供相關資訊。

該決議有一個特徵稱為「回彈機制」，就是明文記載可以恢復制裁的程序。所謂回彈機制，就是當伊朗做出違反協議的行為時，參與伊朗核協議的國家（P5+1和伊朗）得以向聯合國安理會通報，並提出決議案來討論是否維持解除制裁的意向，若是沒有國家反對，就恢復過去聯合國安理會訂定的制裁。

能讓已經終止的決議再度恢復，實屬一項獨特的機制，同時如果想讓伊朗核協議繼續下去，就必須在聯合國安理會提出「繼續廢除制裁」的決議案，並且要在安理會當中通過該議案，這就是回彈機制的特徵。然而，聯合國安理會的常任理事國可以就決議行使否決權，倘若常任理事國任一國家希望恢復制裁，就會在決議中針對「繼續廢除制裁」發動否決權，如此一來便可恢復制裁。當初川普政府想發動回彈機制，但最終沒有成功。而美國業已退出伊朗核協議，目前已經無法發動回彈機

26 可供軍事用途的設施／Possible Military Dimension

制。

再者，核談判最終階段還在爭執的導彈開發問題，也已經包含在二二三一號決議，但是仍舊留下許多問題。

第一，由於伊朗對於「制裁」一詞表達不滿，各國為顧及顏面，只好在決議中使用「限制性措施（Restrictive Measures）」這個用詞。

第二，關於導彈開發的「限制性措施」，具體指的是「要求（Called Upon）伊朗不得從事任何與彈道導彈的相關活動，包括使用彈道導彈技術進行衛星發射，以及設計用來搭載核武器（Desined to be Capable of Deliveting Nuclear Weapons）的彈道導彈」。

在上述聯合國安理會決議中使用「要求」這一用詞，屬於比較軟性的表達方式，通常被理解為不具法律約束力。一般而言，聯合國決議中的用詞，應為「伊朗必須～（Iran shall ～）」，但此處並未使用這種表達方式，因此伊朗解讀為「聯合國只是單純要求不得開發導彈，並沒有明令禁止」。甚至「設計用來搭載核武器」一並未禁止用來發射所有類型的彈道導彈，只要導彈的設計並未刻意以搭載核彈頭為前提，就不在禁止之列。

從這幾點來看，目前伊朗已經多次實施發射衛星及彈道導彈的實驗，但主張仍舊並未違反決議。二〇二四年一月，伊朗公開發表，「伊朗的人造衛星，已經能夠投放到前所未有的高度」。

對伊朗大幅讓步的結果

對於伊朗開發導彈的「限制性措施」，在二二三一號決議通過九十天後，二〇一五年十月十八日為起始點，有效期間是八年。同樣的在核談判最終階段，仍舊存在爭議的武器禁運，有效期間是五年（至二〇二〇年十月十八日，亦即所謂「落日條款」）。一般認為這些問題，都是國務卿凱瑞急於讓談判成立，對伊朗大幅讓步的結果，美國國內也出現批評的聲音，認為他「太遲鈍」或「十年後伊朗一定會再度開發核武」。

關於二二三一號決議，還有一項重要的規定，就是充許伊朗基於和平用途發展核能，過去無法取得與核能相關的物資和服務，現在都沒有正當理由拒絕。因此，伊朗想進行核武開發相關物資的交易，各國也不得不認可，而伊朗可以利用的手法，就是逐項批准的「採購管道（Procurement Channel）」。

當各國想要出口核子供應國集團清單上的物資，具體來說是鈽和鈾、核能反應爐等，必須接受聯合國安理會設置的「採購管道」審查，得到認可後就能出口，聯合國安理會相當於擔任出口管理監督的角色。

但是，採購管道的申請極為有限，截至二〇一九年十二月，申請總數為四十四件，其中三十件獲得許可、五件遭到拒絕及九件撤回申請。在決議通過四年後，申請數量只有這麼少，代表各國都不想與伊朗的核開發扯上關係。另外，川普政府在二〇一八年退出伊朗核協議，基於該協議而解除的對伊單邊制裁也隨之恢復。

伊朗核協議與聯合國安理會第二二三一號決議是里程碑

伊朗核協議和聯合國安理會二二三一號決議，肯定是制裁史上的金字塔。至今為止，聯合國制裁的成功案例，就是針對南非種族隔離發動的制裁，還有蘇丹達佛戰爭的相關制裁，但是就制裁直接達到效果這點來說，此次對伊制裁確實具有極高的歷史意義。

而對伊制裁能成功的原因，明確來說可以總結為以下三點。其一，聯合國與各國制裁的連動；其二，政治制度的特性；第三，大國間的協調。第一和第二我們已經討論過，接下來僅針對大國間的協調，說明其中的細節。

在制裁的有效性方面，大國，特別是聯合國安理會常任理事國之間的協調至關重要。若缺乏大國間的協調，聯合國安理會絕對無法通過制裁決議，與核導彈開發相關的技術多由這些大國掌握，同時也具備管理受制裁項目的能力和經驗。

美國和歐盟實施的單邊制裁，對於停止伊朗的核導彈開發，和聯合國制裁的目的一致，透過美國單邊制裁，得到伊朗資金轉移的相關情報，在提高制裁效果中發揮了極大的作用。另外，核談判的過程中還有一個重要角色，就是在 P5+1 架構中積極介入的美國。美國從過去就和伊朗對立，但還是極力排除伊斯蘭和沙烏地阿拉伯等同盟國的反對，在歐巴馬政府當時，將實現「無核武世界」列為，最優先事項顯得極為重要。

另外，美國參與伊朗核協議談判架構另一個重要意義，就是可以抵抗國內反對的聲浪。美國國內反對伊朗的勢力極為強大，進行核談判的時候也引起相當激烈的議論。雖然最終議會通過伊朗核協議，但是議會通過並非國際協議，終究只能解除美國國內法的限制，而美國議會對於伊朗核協議的約束力極低，結果就讓川普政府得以退出伊朗核協議。

川普總統執政後，美國就不再介入伊朗核協議，這可說是被歐巴馬政府強力壓制的反伊朗勢力一舉反擊，光從這點來看便能明白，伊朗核協議成立的過程，歐巴馬政府的介入影響力有多大。

禁止伊朗輸出原油並不會造成油價高漲

伊朗核協議帶來和平的反面，似乎代表著對伊制裁已經結束，川普政府使得該協議僅獲得短暫的成果。二〇一七年，川普就任美國總統，他在選舉公報上就主張要取消伊朗核協議，而就任後也馬上對伊朗施加壓力。實際上在二〇一八年，美國也確實退出伊朗核協議，並重新開啟單邊制裁。

美國退出伊朗核協議的原因，一方面是川普總統親以色列的立場，而且他的支持者當中，大多也是親以色列的福音派基督徒，另外還有他與猶太社區的關係也是一個因素。總結來說，川普總統的想法是「抹除歐巴馬政府的政績」。執政初期，川普政府內所謂「大人們（Grown-ups）」，也就是當時的國防部長馬提斯（James Norman Mattis）、國務卿提勒森（Rex Wayne Tillerson）和國家安全顧問麥馬斯特（Herbert Raymond "H. R." McMaster）等人，強烈主張維持伊朗核協議，因此無法即刻終止伊朗核協議。但是到了二〇一八年，川普總統陸續讓這些「大人們」辭職，取而代之的是對伊朗態度嚴厲的國防部長龐培歐（Michael Richard Pompeo），以及國家安全事務助理波頓（John Robert Bolton），二〇一八年五月，美國單方面宣布退出伊朗核協議。

緊接著，國防部長龐培歐在二〇一八年五月二十一日發表「十二條要求」。除了要求伊朗完全停止開發核武和提煉濃縮鈾，並且停止擴大彈道導彈範圍、撤出敘利亞和葉門、停止對黎巴嫩武裝勢力真主黨及加薩走廊的哈瑪斯提供援助等，此舉並非著重於阻止核武開發，而是以壓制中東地區的伊朗霸權行動，以及消除對以色列的威脅為目標。

為了實現這一目標，美國恢復了核協議之前對伊朗實施的所有單邊制裁，重新啟動次級制裁，並新增制裁對象，這一連串的措施稱為「最大限度施壓」。同年十一月，美國單方面對伊朗發動單邊制裁。

美國的單邊制裁使得伊朗原油出口量再度歸零（當時中國害怕成為次級制裁的對象，暫停從伊朗進口原油，隨後因中美衝突日益加劇，又漸漸重新進口伊朗原油），伊朗在二〇一九年實施對抗制裁的措施，再次恢復製造濃縮鈾。美國判斷即使讓伊朗原油出口量歸零，也只是禁止伊朗出口原油，應該不至於使原油價格高漲。

川普總統表示：「退出伊朗核協議不會使原油價格產生巨大變化，即使原油價格變動，美國還能開採頁岩氣（Shale Gas），應該不會造成太大的影響」，因此美國堅決退出伊朗核協議。原油價格變動不會對美國造成影響，無疑是美國決定國際外交態勢的一大考量。

川普單邊制裁促使伊朗加速開發核武

川普總統決定退出伊朗核協議，姑且不論他個人對歐巴馬的憎惡，伊朗核協議無法抑制伊朗的霸權行動。伊朗援助敘利亞阿薩德政府和葉門胡塞派，不僅令兩國內戰愈演愈烈，還對組成黎巴嫩什葉派民兵的真主黨、伊拉克多數派的什葉派發揮其影響力。這些伊朗為了掌握地緣霸權所展開的行動，不僅讓美國及其同盟關係的沙烏地阿拉伯等波斯灣各國感到威脅，就連與以色列接壤的黎巴嫩、敘利亞也都有伊朗建造的軍事據點。

編列在聯合國安全理事會二二三一號決議中的伊朗核協議，已經一一解除過去對伊制裁決議，內容包括五年內禁止向伊朗出口武器（二〇二一年一月到期），而美國認為光憑二二三一號決議，並無法抑制伊朗的軍事行動。

再者，伊朗核協議並未限制伊朗開發射程可以到達以色列的導彈，雖然聯合國安理會二二三一號決議，在八年內禁止出口導彈相關物資給伊朗，但是該決議只禁止「設計為搭載核武」的導彈，並未禁止發射常規武器的導彈。因此，抑制伊朗開發、試射導彈，也就成為川普總統退出伊朗核協議，並重新開啟經濟制裁的依據。

川普政府單方面實施單邊制裁，除了以色列之外，並未得到國際間的認同，波斯灣各國也採取與伊朗改善關係的措施。然而伊朗並未出面談判，結果反倒是更進一步推動核武的開發。其中最大的原因，就是制裁是基於美國的政治需求，理所當然沒有得到聯合國安理會決議認可，而與美國聯盟的歐洲各國，也主張維持伊朗核協議，並未與美國站在同一陣線。

美國這一波制裁欠缺國際認可的正當性，即使美國的單邊制裁再怎麼有影響力，或者利用美元作為國際貿易關鍵貨幣的優勢，藉此控制資金流向，最終仍舊無法獲得美國想要的結果。換言之，聯合國制裁必須具有正當性作為依據，並且讓所有國家齊心協力，一致對抗國際社會的威脅，若少了這些要素，就無法發動有效的制裁。

制裁並不是使用武力壓制對方的手段，而是透過國際社會施壓，促使目標國改變行動，像川普政府對伊朗的制裁就是一例。

追加制裁導致糧食和醫療用品庫存短缺

川普總統宣布退出伊朗核協議後，美國馬上就再度發動制裁，此次制裁並非伊朗核協議簽定前，聯合國與歐盟一同實施的國際性制裁，只是美國單邊的制裁，但是對伊朗的影響依然極為巨大。這是因為美國的制裁還包括次級制裁，不僅能約束美國企業和個人，非美籍企業（例如日本企業）只要和伊朗進行交易，也會成為制裁對象，因此非美籍企業都暫緩與伊朗交易或投資伊朗。特別是伊朗核協議簽訂後，本來因為制裁解除，歐洲企業大舉進入伊朗市場，也不得不因為美國的單邊制裁而退出，因此對伊朗經濟帶來重大打擊。

然而，二〇一八年十一月美國期中選舉時，為了抑止油價上漲，川普政府針對日本、歐洲和中國等國，暫時解除從伊朗進口石油的制裁禁令。美國國內政局或者選舉攻防，都會對國際局勢造成影響，而在此期間歐洲各國也得以和伊朗繼續進行若干交易。但選舉結束後，暫時解除的禁令又恢復執行，一直到現在美國對伊朗實施的次級制裁，還是以所有國家作為對象。然而，中美衝突關係愈演愈烈，中國開始無視美國的次級制裁，漸漸增加從伊朗購入原油，美國為了避免與中國的對立更加劇烈，事實上也是視若無睹。

從人道觀點來看美國的單邊制裁，雖然未將糧食或醫療用品列為禁止項目，但是伊朗向非美籍企業購買糧食或醫療用品，想要透過銀行進行交易時，銀行顧慮到遭受美國制裁的風險，有可能拒絕交易，進而引起伊朗國內醫療用品短缺的嚴重問題。另外，二〇一九年九月，針對伊朗中央銀行發動的追加制裁（已是既定的制裁對象，因總統命令而加強制裁），令伊朗難以進行糧食與醫療用品的交易。

即使如此，遭受制裁的伊朗經濟仍維持穩定

為了打破前述的僵局，歐洲方面以法國馬克宏總統為代表，努力想創造一個機制，可以在美國單邊制裁下，與伊朗進行交易。隨後名為援助貿易通匯機制（INSTEX）[27]的「特殊目的公司（SPV）[28]」就此誕生，該公司是一家貿易通匯援助機構。

援助貿易通匯機制讓歐洲各國可以用出口貨物，取代與伊朗交易應支付的貨款，算是一個大規模的以物易物機制。但是，伊朗對此交易機制態度消極，而且伊

朗與援助貿易通匯機制對應的特殊貿易金融機構（STFI）[29]，並未接受洗錢規範也是一個問題，最終歐洲提出的這個機制，也無法讓伊朗經濟好轉。

再者，二〇一九年十一月，伊朗國內也因油價高漲而發生暴動，而此事件也成功地被執政當局壓制下來。伊朗核協議之前，伊朗就受到長期制裁，因此國內企業已具備一定程度的承受力，過去依賴原油收入的經濟結構，也轉向非原油生產的經濟活動，因此國內經濟相對穩定。因為伊朗最高領袖哈米尼（Ali Hoseyni Xāmene'i）在伊朗核協議簽訂前，就提倡「抵抗型經濟（不依賴於外國，高度自立的經濟體制）」並進行經濟改革，最終才獲得如此成果。

而且伊朗還利用走私船[30]，暗中出口給土耳其和伊拉克，進而取得一定程度的原油收入，即使美國祭出「最大限度施壓」，伊朗也算是苟延殘喘生存下來。但是

---

27 支援貿易通匯機制／The Instrument in Support of Trade Exchanges

28 特殊目的公司／Special Purpose Vehicle

29 特殊貿易金融機構／Special Trade & Finance Institute

30 在海上將船上貨物搬運至另一艘船，目的是規避制裁，屬於違法行爲。

在制裁之下，伊朗的經濟狀況依舊不容樂觀看待，貨幣貶值始終不變，而通貨膨脹也仍持續著。

伊朗控訴歐洲「嚴重違約」

二〇一八年五月，美國退出伊朗核協議之後，重新發動單邊制裁，雖然伊朗勉強撐了過來，但是到了二〇一九年五月，剛好是美國退出一周年當天，伊朗宣布停止履行伊朗核協議的部分內容。伊朗不像美國一樣，單方面退出協議，而是主張一切不履約的行為，都符合伊朗核協議的程序。但是，伊朗也不能控訴美國退出伊朗核協議屬於「嚴重違約」，因為美國既已退出伊朗核協議，就不再是參與國，不受協議約束。因此，伊朗便以歐洲各國並未依照伊朗核協議，促進伊朗的經濟利益為由，對歐洲各國提出「嚴重違約」的控訴。

就歐洲各國的角度來看，由於顧慮到美國的次級制裁，不得不暫緩與伊朗的交易，伊朗因此向聯合委員會提出控訴，歐洲各國因此陷入左右為難的狀態。歐洲各國還特地設立援助貿易通匯機制，就是為了遵守伊朗核協議，盡可能履行自身的義務，但最終還是無法實現。

二〇二三年四月，沙烏地阿拉伯和伊朗恢復建交，十月之後以色列攻擊加薩，讓伊朗產生更激烈的對抗意識，而伊朗核協議會員國德國又表態支持以色列，就上述幾點來看，想再度建立伊朗核協議最初的架構，應該是極其困難的一件事。

伊朗 vs 沙烏地阿拉伯，產油國之間的一時對立

至此，本文已經說明對伊朗制裁與核協議是如何在縝密的會談及效果評估的基礎上達成的，並探討了川普總統單方面退出協議的政策對局勢所造成的巨大影響。另外，也分析了油價變動及美國成為能源生產國，對此過程的影響。接下來，將回顧川普總統政策如何進一步影響當前極度混亂的中東局勢。

在川普總統第一次就任總統之際，沙烏地阿拉伯也發生巨大的政權轉移。二〇一五年，沙爾曼成為沙烏地阿拉伯國王，他的兒子穆罕默德・賓・沙爾曼王子獲得任命，實質掌管了沙烏地阿拉伯的軍事和經濟事務。

至今為止，繼承沙烏地阿拉伯王位的人物，都會從與自己不同家族中選出王

圖 2-9　戈蘭高地

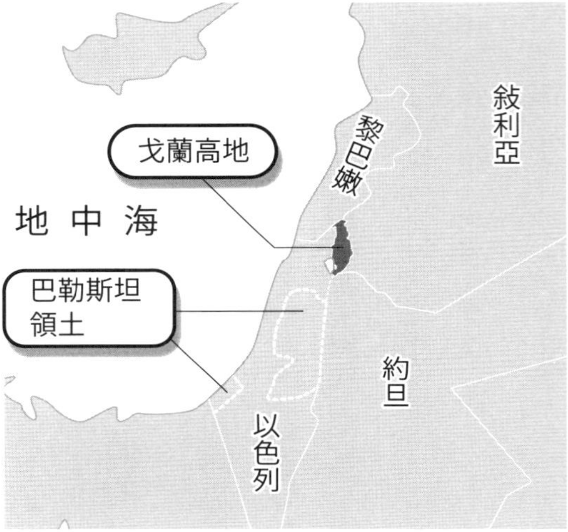

儲，但沙爾曼國王卻打破慣例，將親生兒子穆罕默德立為王儲。穆罕默德王子擔任政府要職後，便取代年事已高的沙爾曼國王，掌握了政治上的實權。

二〇一五年，葉門內戰升溫，胡塞派獲得伊朗支持，勢力大幅崛起，穆罕默德王子為了阻止伊朗勢力在沙烏地阿拉伯鄰國擴張，決定對葉門內戰展開軍事干預。另外，二〇一六年在穆罕默德主導下，以涉嫌恐怖主義為由，處決了沙烏地阿拉伯國內什葉派領袖尼姆爾教長，此舉導致德黑蘭的沙烏地阿拉伯大使館遭到縱火攻擊，最終沙烏地阿拉伯和伊朗也斷絕了外交關係。

除此之外，沙烏地阿拉伯指控，卡達支持沙國長期保持戒心的穆斯林兄弟會，因而也與同為海灣阿拉伯國家合作委員會（GCC）[31]成員國卡達斷交。遭到孤立的卡達轉而接受伊朗和土耳其援助，此舉引發穆罕默德的憤怒，導致沙烏地阿拉伯和卡達的關係進一步惡化。就這樣，對伊朗公開表現出敵意的穆罕默德掌握沙烏地阿拉伯實權，使得沙烏地阿拉伯與伊朗的關係持續惡化，並與同樣對伊朗抱持敵意的川普總統意氣相投，共同對中東局勢產生重大影響。沙烏地阿拉伯向川普政府如此靠攏，加上對伊朗的反彈日益升高，使得中東傳統的對立結構，亦即以色列對阿拉伯的對抗關係變得模糊不清。

以色列總理納坦雅胡從歐巴馬政府時期，就對伊朗核協議抱持批評態度，即使

31 由沙烏地阿拉伯和阿拉伯聯合大公國、巴林、阿曼、卡達、科威特六國共同設立的經濟組織／Gulf Cooperation Council（正式名稱：Cooperation Council for the Arab Sates of the Gulf）

在伊朗核協議成立後，他仍公開情報指控伊朗在秘密開發核武（這些指控往往難以斷定違反伊朗核協議），持續加強對伊朗的攻勢。

川普上臺後，美國比以往更加明確表態支持以色列，並在二〇一八年陸續實施歷任美國總統一再迴避的支持以色列政策，例如：將大使館從臺拉維夫遷至耶路撒冷，以及承認以色列對戈蘭高地占領區的主權。

另外，沙烏地阿拉伯和阿拉伯聯合大公國（UAE）與美國關係日益加深後，與以色列的關係也漸漸不再對立。二〇二〇年，在川普總統斡旋下，UAE和以色列簽署關係正常化協議（亦即《亞伯拉罕協議》），此舉也促使以色列與沙烏地阿拉伯展開正常化邦交的談判。

然而，後者因哈瑪斯對以色列展開攻擊，以及隨之而來的報復行動而「凍結」。具體來說，對於試圖推動正常化邦交的拜登政府，沙烏地阿拉伯明確表達否定，同時也有報導指出「與以色列建立正常邦交之路並非已經關閉，而是等到戰爭結束才會繼續進行」。倘若川普再次就任總統，上述因素將朝向何處發展，目前尚不清楚。

美國和波斯灣各國的元首交替，成為這數年間波斯灣與中東勢力關係大幅變化的背後原因。

原油設施遭受襲擊導致供給量遽減

川普政府單方面退出伊朗核協議，對全球物流、能源與資源的運輸要道波斯灣帶來重大影響，而這一事態對日本而言，也絕非事不關己。

美國退出伊核協議後，立即派遣核動力航空母艦和轟炸機前往波斯灣。種種壓力不斷升級當中，二〇一九年五月，荷姆茲海峽附近的阿聯酋海岸，發生了四艘油輪遇襲的事件。UAE當局公布了受損的挪威籍油輪，並宣稱此次襲擊是由國家主導，而不是非國家恐怖組織發動，但是並未明確指出是「哪個國家發動的攻擊」。

安倍總理訪問伊朗期間，六月十三日與哈米尼面談當天，日本國華產業擁有的化學油輪與挪威籍原油油輪遭受攻擊，導致原油油輪起火燃燒，化學油輪船體受損。然而，這起事件是由哪個組織犯下，至今尚不知曉。

另一方面，伊朗宣稱二〇一九年四月、八月及十月，曾三度遭受沙烏地阿拉伯攻擊。因應油輪襲擊事件，美軍派遣的無人機也被伊朗擊落。然而，美國並未針對伊朗實施明確的反擊。

同年九月，伊朗的無人機和巡弋飛彈攻擊了沙烏地阿拉伯的原油設施，一度造成全世界每日石油供給量減少百分之五。然而，即使如此，美國仍舊沒有對伊朗發動攻擊。

此次美國的反應，被視為日後穆罕默德王子對其失去信任的瞬間。特別是拜登政府上任後，美國與沙烏地阿拉伯的關係熱度降至冰點，背後的原因是美國並未試圖保護沙烏地阿拉伯免受伊朗攻擊。因此，穆罕默德王子開始推動與伊朗正常化邦交，旨在促使波斯灣地區局勢穩定。

這片海域的航行風險確實節節高升，但究竟是誰為了什麼目的發動攻擊仍不得而知，二〇一九年十月十八日，安倍總理在國家安全會議上，表示考慮派遣自衛隊前往阿曼灣和葉門沿海附近，並在十二月二十七日進行閣議決定。

隨後，日本派遣自衛隊至阿曼灣、阿拉伯海北部及曼德海峽東側亞丁灣這三個海域的公海（包括沿岸國的專屬經濟海域），計畫持續至二〇二四年十一月十九日為止。此次派遣並非以美國為主的「志願聯盟」形式，而是獨立派遣。日本此舉是考慮三項要素平衡得出的結果，一是美國的請求，二是顧慮到敵視志願聯盟的伊朗，三是基於日本憲法和《自衛隊法》所訂的《自衛隊行動準則》。

二〇一九年十二月二十日，在閣議決定派遣自衛隊前，伊朗羅哈尼總統訪問日本，與安倍總理進行高峰會，而外界認為此次會談中，雙方互相確認「日本不會成為伊朗的威脅」後，日本才派遣自衛隊。

「伊朗能夠在十二天內製造出核彈」

二〇二〇年一月，美國在伊拉克境內，利用無人機殺害了伊朗革命衛隊聖城軍指揮官，同時也是伊朗對外軍事行動的象徵——蘇雷曼尼。他是伊朗保守派的明星，也是最高領袖哈米尼的忠臣，幾乎可說是國家的象徵。因此，外界擔心殺害蘇雷曼尼，可能導致伊朗對美國進行大規模報復。

特別是川普政府單方面退出伊朗核協議並施加制裁，進一步加劇了伊朗對美國的敵意，而此時又發生暗殺事件，一般擔心美國和伊朗可能爆發戰爭。但是，伊朗只是使用飛彈襲擊駐伊拉克的美軍基地，而且攻擊非常謹慎，避免造成人員傷亡。

原本美國預計會遭受大規模反擊，卻只遭遇如此克制的報復性打擊，因此美國也難以對伊朗發動進一步的報復，最後這場衝突就在美方未實施任何報復之中結束。之後，伊朗和以色列互相發射飛彈攻擊時，也出現類似抑制局勢升級的情況。

另一方面，基於聯合國安理會二二三一號決議，出口武器到伊朗的禁令，將於二〇二〇年十月到期。二〇二〇年八月禁令即將屆滿之際，一項延長武器禁運的決議提交至安理會，但該決議獲得兩票贊成（美國和多明尼加共和國）、兩票反對（中國和俄羅斯）和十一票棄權，完全無法達成國際性的贊同。對此，美國根據二二三一號決議，向安理會通報伊朗不履行協議的情況，試圖啟動「回彈機制」。

然而，儘管美國發出的通知，已由聯合國秘書處轉交給安理會主席印尼，但其他參與伊朗核協議的國家，發函給安理會主席表示，美國既已退出協議，就無權啟動回彈機制。印尼對此回應道：「安理會內部無法達成共識，站在主席國的立場，今後將無法再處理此事」，隨即擱置了美國提出的通知。

伊朗因美國單方面退出伊朗核協議，並重新發動制裁而面臨經濟壓力，再加上新冠疫情影響，二〇二〇年第一季，原油產量降至每日八百萬桶，導致國內局勢極不穩定。不僅是經濟下滑，伊朗社會也從二〇一八年底，到二〇一九年初，出現多起大規模的反抗運動，民眾不滿情緒日益高漲，二〇二〇年國會議員選舉，保守黨取得壓倒性多數的席次。然而，這些候選人都經過事先審查，大量溫和派和改革派的候選人，一開始就被取消參選資格。

不過，伊朗總統魯哈尼和最高領袖哈米尼教長，都將美國的行為稱為「經濟恐怖主義」，並選擇實施「抵抗型經濟」來與之抗衡。另外，美國退出伊朗核協議整整一年後，二〇一九年五月，伊朗宣布停止履行部分伊朗核協議的事項，隨即持續增設離心機，以及增加低濃縮鈾的貯存量。

由於經濟停滯，民眾不滿情緒高漲，最高領袖哈米尼為首的伊朗政府，開始產生危機感，認為任憑事態繼續發展下去，將難以維持現有體制。因此，二〇二一年的總統大選，變得不像過去羅哈尼當選時，相對較為自由，此次選舉在選前，憲法監護委員會就強力介入，鎖定候選人範圍。政府提名哈米尼的弟子，同時也是保守派的萊希作為總統候選人，並取消主要競爭對手的資格，奠定了萊希當選的基礎。同樣地，二〇二四年國會議員選舉中，為保障保守派獲得壓倒性勝利，所有溫和派和改革派候選人都被取消參選資格。因此，投票率持續下滑，伊朗民眾對政府的不滿也日益加劇。

民眾不滿情緒爆發的具體事件，是二〇二二年到二〇二三年發生的反對希賈布運動。根據伊斯蘭教義的詮釋，「女性必須遮住頭髮」，因此規定伊朗女性穿戴希賈布是一項義務。而人民認為希賈布是威權壓迫的象徵，因此不僅是女性，就運男性也投入反對希賈布的運動。雖然這場運動最終漸趨平息，但也顯示出人民對現行體制的不滿積壓已久。

隨著反對希賈布運動的平息，伊朗試圖與美國秘密協議，以解決這一局勢。美國和伊朗在同年六月起，透過阿曼從中斡旋，試著展開會談，但十月七日伊朗援助哈瑪斯發動攻擊行動，美國便取消談判。國際原子能總署在十二月發表一份報告顯示，「伊朗在兩處核子設施，再度提高三倍鈾濃縮的速度」，種種跡象顯示中東地區的危機正在升級。

中東掀起「反以色列」浪潮

二〇二四年二月，沙烏地阿拉伯再次發出信函稱：「以色列若不承認巴勒斯坦是一個國家，沙烏地阿拉伯和以色列的邦交就不可能正常化」，此舉也間接對美方施加壓力，敦促其出手讓以色列停止攻擊加薩走廊。

自從以色列加強對加薩走廊的攻擊力道以來，沙烏地阿拉伯的穆罕默德王子與伊朗總統萊希，進行了電話會談並舉行高峰會，試圖加深雙方「反以色列」的合作。

據報導指出，沙烏地阿拉伯對美國表示，即使胡塞派攻擊與以色列有關的船隻，也不要出手反擊。在葉門內戰中，胡塞派使用最新式的武器與沙烏地阿拉伯交戰，最終也無法獲勝，因此對於沙烏地阿拉伯的這一請求，美國也無法等閒視之。

長久以來，沙烏地阿拉伯對以色列的行動，都抱持批評態度。但即使面對胡塞派發動攻擊挑釁，沙烏地阿拉伯仍擔心，一旦讓美國捲入這場紛爭，將導致整個區域衝突升級，最終造成難以控制的局面。

另一方面，二〇二四年四月，敘利亞的伊朗大使館遭受攻擊，隨後伊朗和以色列展開互射飛彈的攻擊，演變成雙方直接交火的可能性日益升高，戰火更可能擴大到整個中東地區。但由於雙方都採取克制的態度，加上拜登政府迅速否定對以色列提供援助，最終避免了雙方的對立加劇，局勢升級也受到控制，整起事件才平息下來。

然而，在美國國內，尤其是共和黨內部，確實存在一些激進的聲音，認為「應該藉此機會和以色列聯手攻打伊朗」。另外，美國看到沙烏地阿拉伯和伊朗愈走愈近，或許也感到不是滋味，但沙伊兩國和解的局面，正是美國和以色列自己的作為所致。

日本應發揮獨特立場打破僵局

面對如此複雜的局勢，一直依賴中東能源的日本該怎麼辦？雖然日本政府在二○一九年起，為了打擊海盜，派遣海上自衛隊前往阿拉伯半島南部的亞丁灣，但卻未參加保護紅海商船的「繁榮守護者」行動，至今仍持續和美國劃清界線。

由於伊朗對哈瑪斯提供援助，導致伊朗被視為「支持恐怖主義的國家」，而日本與伊朗的關係，也連帶遭受批評，但見解過度簡化局勢，同時應該也是受到美國敵視伊朗的態度影響。

二〇二三年底，岸田首相和伊朗總統萊希透過電話會談，針對加薩走廊與兩國關係進行討論。伊朗方面強調，應停止攻擊加薩走廊的平民及人道救援組織，但問題的根源在以色列，伊朗則認為日本至少要對以色列抱持批評態度，並重申日本與歐美不同，應該與巴勒斯坦甚至伊朗成為盟友。

日本至今為止與伊朗建立起深厚的外交關係，伊朗也一直是親日立場，因此日本目前並不敵視伊朗，長久以來也對包含加薩走廊在內的巴勒斯坦提供援助，結合上述種種經驗，應該可以找到解決以巴局勢的方法。不同於俄羅斯入侵烏克蘭，此次中東問題不能確定與歐美同一陣線就是正解。

就以色列襲擊加薩走廊一事來看，中東地區很難建立起自己的秩序，因而陷入不穩定的狀態。我們不能忘記，日本多數能源都依賴中東，而該地區又是咽喉點，局勢一向不穩。

第3章

透過戰略物資
半導體觀察經濟安全

口罩、疫苗、半導體成為與資源匹敵的「戰略物資」

在考量國際政治、貿易、物資和資源的流動時，近年來耳熟能詳的術語是「戰略物資」。戰略物資原本是指「主導戰時經濟和國家安全、武器製造與民眾日常生活不可或缺的物資」。具體來說，原油及媒炭等能源自然不在話下，鐵和橡膠、棉花也包括在內。

然而，近年戰略物資的定義更加廣泛，與國家安全有關的物資也包括其中。例如，二〇二〇年全世界新冠疫情肆虐時，口罩就是一項戰略物資。由於日本國內流通的不織布口罩，主要仰賴中國等海外國家進口，當時產量無法滿足全球遽增的需求量，加上物流停滯，日本國內因而無法取得口罩。儘管配戴口罩已成義務，但國內存量短缺，口罩囤積、轉售層出不窮，導致口罩價格高漲，市場陷入一片混亂。

當時甚至出現「口罩外交」一詞，口罩就成為一種戰略物資，而中國企圖向友邦輸出口罩來加深外交關係，同時也敦促這些國家要重新考慮與台灣的關係，口罩顯然成為外交談判的工具，之後的新冠疫苗也如出一轍。

這是自石油危機以來，有國家在全球性突發事件中公然實施的「國際政治經濟

圖 3-1　中國是口罩生產大國，新冠疫情爆發後，各國對口罩的需求量瞬間變大，讓口罩成為新興的戰略物資。左圖為中國口罩工廠生產線，右圖為疫情期間日本民眾出外時必佩戴口罩。

照片：達志影像

學」事件。以往石油危機發生在中東戰爭時，波斯灣各國試圖透過停止原油出口，改變進口國的立場，而中國利用自己大量製造的口罩和疫苗，不僅是賣人情給其他國家，還企圖改變他們的對臺立場，以及針對新冠病毒的傳播，改變向中國追責的態勢。

目前為止，政治干預經濟往往是「利用政治手段干預經濟，目的在保護本國的產業」，這種做法是出於自由貿易中的保護主義。然而，中國卻是公然「以經濟實力作為武器，對他國施加政治和外交壓力，迫使對方改變行為」。

中國以政治干預經濟的做法並不是從新冠疫情才開始，二〇一〇年的中國禁止出口稀土也如出一轍。「即使在國際社會必須團結一致，面對全球大流行的傳染病」之際，中國也會毫不猶豫地施加政治干預經濟的手段。

歷經新冠疫情後，日本開始聚焦於供應鏈和經濟安全問題。這場疫情引發日本國內議論紛紛，認為必須重新審視供應鏈，其中包括和中國的關係，也是應該面對與處理的課題。

有「世界工廠」之稱的中國向全世界出口大量工業產品，同時中國本身也擁有巨大的市場從世界各地進口許多商品。因此，中國經常利用自身的地位，透過經貿關係來達成政治目的。

舉例來說，二〇一七年中國因反對韓國部署終端高空防禦飛彈（THAAD，也稱薩德系統）[32]，便全面禁止中國旅遊團前往韓國觀光。此舉導

32 終端高空防禦飛彈／Terminal High Altitude Area Defense

致造訪韓國的中國遊客驟減，對韓國經濟造成重大打擊。還有二〇二一年，中國以台灣鳳梨發現害蟲為由暫停進口，外界認為這是對蔡英文執政時期的台灣台灣政府施加壓力。

當時，台灣鳳梨銷往日本僅占產量的百分之二，之後透過增加對日本的出口，開拓新的銷售管道。不過，如果其他國家發生類似的情況，但無法找到代替中國的買方，那麼就會蒙受巨大的損失，倘若中國利用戰略物資作為施壓手段，影響也是十分深遠。不管是進口還是出口，甚至是觀光客，過度依賴中國，都可能成為緊要關頭的弱點，因此各國開始努力探索中國以外的進出口管道。

同時，國際輿論也認為，除了重新審視供應鏈，還需要從經濟面制定保障國家安全的政策，以便在爆發傳染病或國家安全發生緊急狀況時，能夠獲得必要的物資，這也是二〇二一年起，日本開始著眼於保障經濟安全的原因之一。

半導體成為「戰略物資」的因素

當時，半導體和口罩一樣，在新冠疫情期間受到世人矚目。日本並未從中國進口半導體，純粹是因為新冠疫情造成全球供應鏈大亂所致，然而在二〇二〇年夏季時，工廠和主要港口停工，導致製造和物流延遲，再加上新冠疫情期間，遠距辦公普及化，使得電腦等通訊設備需求增加，自二〇二〇下半年以來，全球出現半導體短缺的現象。因此，導致使用半導體的空調和熱水器無法出貨或維修，或是汽車也因為缺乏半導體而無法生產。其影響甚至持續到二〇二四年，使用半導體的交通IC卡，除了定期票券外皆停止發行。半導體除了愈來愈受到人們重視外，也使得半導體這項「戰略物資」的供應鏈韌性必須強化。

半導體成為「戰略物資」的另一個原因來自於中美衝突加劇，隨著中國在軍事、經濟層面的崛起，美國為了對其展開牽制，不僅在軍事和意識形態上相抗，美國政府也策劃經濟脫鉤。然而，正如本書第一章所提到，中美陷入相互依存陷阱的狀態，想要切斷經濟層面的關係並非易事。因此，中美衝突又稱為「中美新冷戰」，但中美衝突的整體條件和環境，都和美蘇冷戰時不同。美蘇衝突時期，原本雙方陣營在經濟上就已分化，因此在輸出管制統籌等相關規定也能順利發揮作用。但是現在美中經濟緊密相連，不可能再像美蘇冷戰時，將市場完全切割開來。

中美關係促使美國重新審視戰略物資與重要資源的供應鏈。這種限制對中出口的趨勢始於川普總統第一任期的後期，直至拜登政府登臺也未曾停止。

為什麼半導體是戰略物資呢？由於半導體的優秀性能足以維繫一國的國家安全，譽為「戰略物資」也當之無愧。在現代生活與經濟活動當中，半導體絕對是國家中不可或缺的重要物資，無論是在製造、進口、物流等各種產業動向中，都會對國家統治產生重大影響，也就說半導體堪比過去的資源和能源。美國為了延緩中國半導體產業的成長，聯合這些半導體產業占有優勢地位的盟國與友邦，要求他們限制出口半導體相關的技術和產品到中國，這一波「經濟治略」的操作方式如同對中國展開攻擊。

經濟治略與日本追求的經濟安全，就性質上來說就是「進攻」和「防守」的不同概念，兩者在概念上略有不同，但兩者同時都存在經濟、外交和國安等政治領域中，因此都算是「地緣經濟學」的產物。

因此，我想透過半導體這項「戰略物資」來解釋由當代國際政治、地緣政治學和經濟學所結合的「地緣經濟學」問題，以及近年日本所推動的政策。具體而言，

圖 3-2 台積電是全球最領先的半導體晶片製造商，圖為台積電全球研發中心。

照片：達志影像

就是探討「經濟治略」和「經濟安全」之間的差異與課題。

強化對中國半導體出口的管制

由於半導體是日常所需的零組件，從熱水器到汽車等各種電子設備都用得到，若少了半導體，會使得電磁爐或電鍋都無法運作，可以說是十分重要的零組件。半導體在現代國際政治中，已經變得極為重要，也是新聞報導中的熱門焦點。二〇二二年十月，美國宣布加強管制對中國出口半導體，被視為中美衝突的重大轉捩點。光是出口管制，「一〇七」事件就足以與「九一一」恐怖攻擊相提並論。另外，二〇二三年十月七日哈瑪斯對以色列發動突襲，使得「一〇七」這個日期有了不同的意義。但是「一〇七」事件在地緣經濟學領域中，是指美國限制對中出口半導體。

半導體種類繁多

現今「去碳」呼聲日益高漲，在電動車和再生能源等高度成長領域中，都大量使用半導體，可以說掌握了半導體產業，就是掌握了所有產業。不過，由於「半導體」一詞涵蓋各式各樣的用途和功能，因此必須先整理出各個種類的定義。

先討論「先進半導體」和「通用半導體」這兩者有何差異。由於半導體的性能會因積體電路密度而改變，簡單來說，電路線距愈細，性能愈高。最初半導體是從10微米（符號為μ，1微米為千分之一毫米）開始研發，現在已經開發出2奈米（符號為n，1奈米為百萬分之一毫米）寬度。

一般電子產品多採用28～60奈米的線距，汽車零組件多採用28奈米，而智慧型手機、數據中心伺服器等高性能半導體，則大多採用5奈米或更小的線距。先進半導體和通用半導體的界限，由當時的技術水準決定，目前14、16奈米製程是一個分水嶺。

另外，以半導體的功能來看，可以分為許多類型，例如：演算用的邏輯半導體、儲存資訊的記憶半導體、控制電力的功率半導體，以及將光或溫度等類比資訊數位化的類比半導體等。特別是邏輯半導體，對電腦性能有著巨大影響，而其他半導體也都具備重要功能。

雖然半導體根據整合程度、種類等可以細分許多類別，但國際政治中最重視的是「邏輯半導體」。邏輯半導體的性能，需要在複雜計算的軍事行動中才能看出優劣差異，比如計算彈導飛彈軌跡、依戰況計算出最適合的武器或是計算如何協調後勤物資補給等。

在烏克蘭的戰爭中，火力處於劣勢的烏克蘭軍隊，能夠抵抗俄羅斯軍隊的部分原因在於烏軍擁有號稱「戰場優步（Uber）」的GIS Arta武器部署系統，該系統可以在瞬間判斷出當下最適合使用的武器，也就是說在GIS Arta系統的運作下絕對少不了高性能半導體。

另外，G7制裁俄羅斯時就限制出口半導體給俄羅斯，使得製造使用半導體的武器會受到極大影響，由於俄羅斯難以從西方各國取得高性能半導體，讓俄軍的武器性能乃至軍事實力一度下降（也有消息指出，俄羅斯從中國進口半導體之後，武器性能才得以恢復）。

再者，製造優異電腦演算性能的邏輯半導體，對於人工智慧（AI）及量子電腦運用的相關產業是不可或缺的戰略物資，這也直接影響一國的軍事實力和國力。近年，中國正致力於人工智慧和無人武器的開發。足見半導體的性能已大幅主導這些機器的性能。

總之，製造先進半導體與奠定軍事優勢密切相關，因此製造半導體也成為國際政治角力上的一大課題。

未被納入全球分工體系的中國

那麼，到底誰握有製造最先進半導體的能力？事實上，這個問題並不容易回答。因為，半導體的製造過程，需要仰賴全球分工才得以成立，並不是任何一個國家獨自擁有的能力。

所謂「半導體企業」，像美國蘋果或輝達，專注於從事設計開發，這種公司就稱為「無廠半導體公司（Fabless）」；或是像台灣的台積電，專注於製造技術和生產，稱為「晶圓代工廠（Foundry）」。而且，半導體的製程劃分細緻，甚至高達數千個步驟。大致上來說可分成幾種製程，有設計電路並製造稱為「光罩」母版的「光罩製程」，還有製造矽晶圓本體的「晶圓製程」，以及把電路印到晶圓上的「前端製程」，然後就是檢查成品的「後端製程」。

每個國家在這些製程中都有不同的優勢，美國和英國擅長光罩製程，日本、韓國則在晶圓製程具有優勢，台灣具有前端製程優勢，多個國家具有後端製程優勢。

中國擁有大量製造半導體的鎳、鍺等礦產原料，而日本則擁有大量半導體材料。儘管中國能夠提供原料，但是在製程環節上並未完全融入全球分工體系。雖說中國有半導體產業，中芯國際集成電路製造有限公司（SMIC）是世界知名的半導體企業，但中國進入半導體製造業較晚，尚未具備製造先進半導體的能力。

圖 3-3　半導體種類、製程與各國強項一覽

●半導體種類

邏輯半導體	記憶半導體	功率半導體	類比半導體
執行演算	儲存數據	控制高電壓及大電流	訊息增幅或類比、數位轉換
PC cpu	PC	空調和汽車	數位相機
台灣與美國	韓國	日本	美國與歐盟（歐洲）

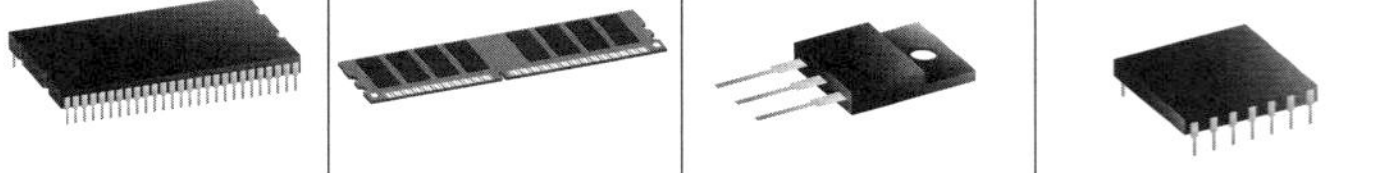

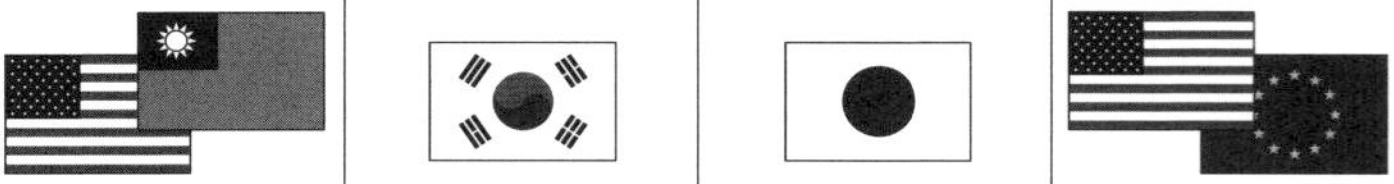

●半導體製程

光罩製程	晶圓製程	前端製程	後端製程
設計電路並製造光罩	蝕刻、拋光等	製造晶片	晶片測試
英、美	日本、韓國	台灣	多國

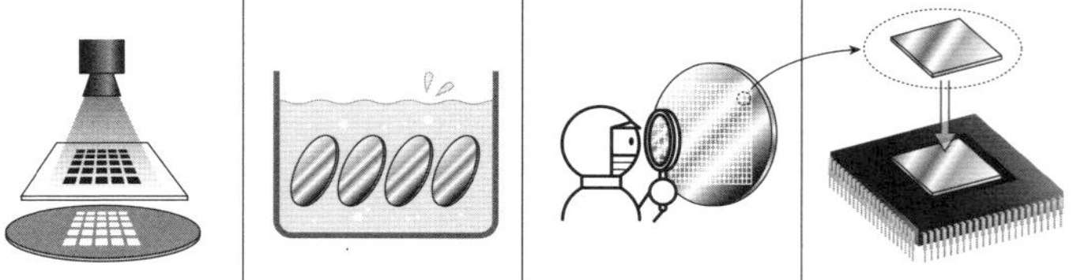

另外，日本、荷蘭和美國的強項是半導體製造設備和矽晶圓，而製造清潔半導體的化學藥劑是日本和韓國的強項，而中國在這些領域都必須依賴進口，因為國內還未培植出相關產業。特別值得一提的是曝光機，用途是將電路「蝕刻（Etching）」在晶圓上，該製程決定了半導體的性能。製造高性能半導體所需的紫外線曝光機（EUV），只有荷蘭艾司摩爾（ASML）才能製造。荷蘭採用美國限制對中出口的管制策略，不對中國出口紫外線曝光機，使得中國難以製造先進半導體。

也就是說，雖然中國可以從全球市場採購材料和設備，並在國內製造，但其製造能力還不足以在先進半導體領域競爭。儘管中國已能自主製造通用半導體，可供國內使用，也具備了國際競爭力。但是先進半導體的開發已受到限制，中國只好改變策略，積極投入通用半導體，以製造過剩來降低通用半導體的價格，並企圖將西方各國通用半導體製造商擠出市場，形成壟斷局面。這就是所謂產能過剩（Overcapacity）論，目前歐美各國都在討論，是否應該對中國的製造過剩採取反制措施，但倘若真的進行反制措施，不僅違反世界貿易組織的規則，而且中國也可能因此展開報復。

「目前」無法製造先進半導體的中國

中國無法製造先進半導體，對地緣經濟學有著至關重要的意義。中國缺乏此類技術，只能仰賴西方各國的供應鏈，代表西方各國相較於中國，具有軍事優勢，西方各國只要鞏固這一狀態，就能在國際政治角力中，保有主導地位。

為了在將來繼續保有這項優勢，不能讓中國握有製造先進半導體所需的製造設備及相關技術。也就是說，利用經濟與技術層面的手段以禁止中國握有產品和技術，可保障地緣政治學上的優勢，無疑是「地緣經濟學」的一大課題。

該課題的背後思維是美國加強對中半導體出口管制，也就是主導「一〇七」事件的重要原因。該法規推出的主要措施，首先是將部分先進半導體，以及包含此類產品的電腦相關用品均納入管制清單中。其次，還限制出口某些特定先進半導體的製造設備。

這些規定「原則上不允許」出口至中國。而且，只要是使用美國技術或設備製造的產品，即使是在第三國製造，也適用美國訂定的出口管制規則（再出口管制），甚至該規定也適用於美國人（擁有美國國籍的個人與在美國註冊的公司）。

迄今為止，出口管制一直都遵循國際規範，用於管制開發、製造大規模殺傷性武器，以及特定常規武器的相關項目，一般認為是為了保障達到國際社會核武不擴散之目的。然而，包括半導體在內的軍民兩用物資，管制其出口的國際規範是《瓦聖納協定（Wassenaar Arrangement）[33]》，成員國包含俄羅斯在內共四十二國，每項決議都必須經過所有國家同意才能通過。

由於《瓦聖納協定》是管制武器的過度轉移及包括半導體在內的相關產品進出口的一套國際規範，本來就需要較長時間進行決策，加上俄羅斯入侵烏克蘭後，幾乎無法達成共識。因此，透過《瓦聖納協定》加強對中國的半導體出口管制，以維持軍事優勢，已不具現實可行性。

---

33 關於常規武器與兩用產品和技術出口控制的協定，於荷蘭瓦聖納簽署，故得其名。／Wassenaar Arrangement

原本美國以「為了國際和平而防止核武擴散」作為出口管制的理由，如今把政策轉換為「為了維護國家安全，在面對戰略競爭對手時能夠保持優勢，進而強化出口管制」。這就是「一〇七」事件之所以被視為與「九一一」事件同樣震撼的原因。

從美國的角度來看，由於自身在半導體設計和軟體領域擁有壓倒性優勢，在限制出口的規定上，可以讓中國難以生產先進半導體。另外，多數半導體製造設備和機器都必須使用美國的技術和設備，因此必須實施最嚴格的出口管制，才能阻止出口先進半導體產品至中國。然而，日本和荷蘭製造的某些產品，並不受美國禁止再出口的限制，致使美國面臨無法可直接管制的狀況。

以日本企業東京威力科創為例，一些半導體製造設備製造商，並不需要依靠美國的技術，就能獨立開發設備，而荷蘭艾司摩爾是全球唯一一家製造紫外線曝光機的廠商，而曝光機是製造先進半導體不可或缺的設備。

倘若這些設備出口到中國，即使美國禁止相關軟體出口到中國，或許等到中國擁有設計能力後，就能製造這些先進半導體。

圖 3-4　主要半導體製造設備的製造商及其市占率（2021 年，以金額為基準）

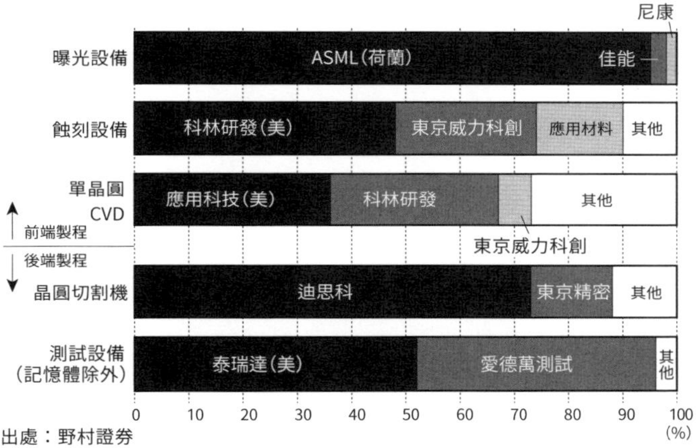

出處：野村證券

因此，為了延緩（或者阻止）中國製造先進半導體，美國敦促日本和荷蘭，不能將出口半導體製造設備提供給中國。

日荷兩國都是美國的盟友，也與美國一樣都不希望中國順利取得先進半導體，進而提高其軍事實力。但是，中國的半導體市場正在快速成長，對於日荷兩國的企業而言，失去這個利潤豐厚的市場，將是一個沈重的打擊。

雖然美國堅稱對中國的限制，僅針對先進半導體，卻沒有限制通用半導體，但是出於政治目的以限制企業獲取利益，讓日荷兩國為此躊躇不已。最終，日美荷三國皆同意加強出口管制，日本決定將包含半導體製造設備的二十三項新物品，列入管制對象清單內，然而不同於美國，基於國家安全考量，針對中國建立出口管制制度，在法律層面上難以實現。

因此，日本將出口管制對象物品，設定為「針對所有地區，並以防止軍事用途為目的」，並非僅針對中國實施出口管制，考量到出口管制現狀，決定對包括美國在內的四十二個國家，都實施統一許可，而對中國等其他國家，則根據每份出口合約，授予個別許可。

就結果來看，儘管這些限制措施，是針對與美國發生衝突的中國，但日本、荷蘭作為美國盟友，也捲入這場管制風波，使得日荷兩國的相關產業面臨被迫受限的窘境。

半導體的地緣政治意義日益重要

半導體在地緣政治上的意義日益提升，已成為地緣經濟學中的戰略物資，而日

圖 3-5 無廠半導體企業與代工企業的關係

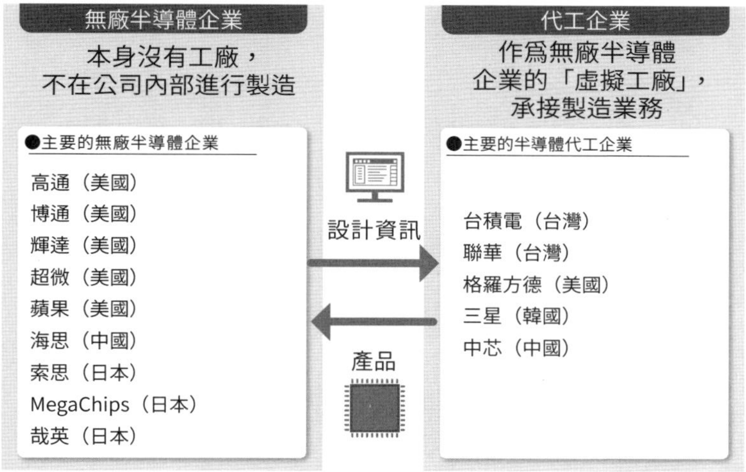

本的半導體製造業現況又是如何呢？

一九八〇年代，日本半導體產業的全球市占率為百分之五十。然而好景不常，如今市占率已跌至百分之十，許多人對這波衰退感到惋惜。那麼，要說日本目前在地緣經濟處於劣勢，事實上也並非如此。

簡單回顧一下，直到一九八〇年代，日本憑藉記憶半導體，成為世界知名的半導體強國，因為當時的儲存設備，在電腦硬體中占有重要的地位。然而，到了一九九〇年代，電腦連接上網路之後，儲存資料變得不再那麼重要，一般追求的是在連接網路時能夠獲得更高效能。

另外，隨著影像和影片開始透過網路傳送，處理訊號的能力愈來愈受到重視，邏輯半導體也變得愈來愈重要。再者，在製造邏輯半導體的過程中，出現一種專門製造的代工商業模式，台灣的台積電是最早邁入這個商業模式的企業之一，過去從設計到製造、檢測，提供一條龍服務的企業，也逐漸適應全球分工。在此過程中，先前提到的代工廠企業，以及仰賴外包的無廠半導體公司，形成各司其職的現況。

在上述的趨勢中，日本國內部分大型電子電機製造商，還是持續著自己開發、製造的模式。結果，全世界各地製造代工廠都投入巨資，培植先進製造工廠，但日本企業無法投入相同程度的資金，雖然之後政府推出一系列「全日本」企劃，但已經為時已晚，最終只能從邏輯半導體業界黯然退場。

不過，日本在製造功率半導體、類比半導體以及一種稱為單晶片的半導體晶片仍具有國際競爭力，而且在 NAND 型記憶體領域上有競爭力。另外，在先進半導體製造設備上，日本也還保有充分的國際競爭力，而矽晶圓和光阻劑等原料市場

圖 3-6 半導體製造設備各國市占率

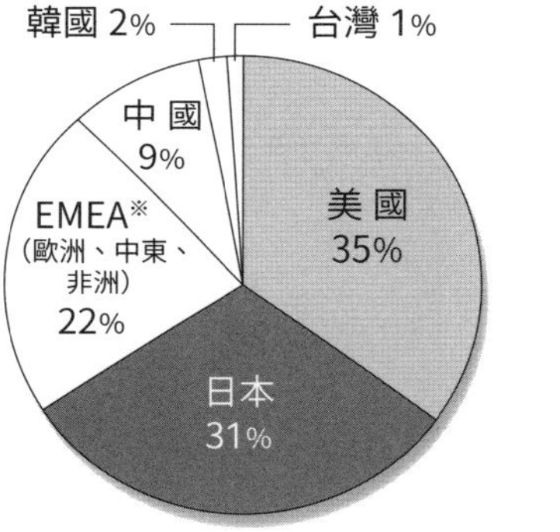

圖 3-7 主要半導體零組件材料各國市占率

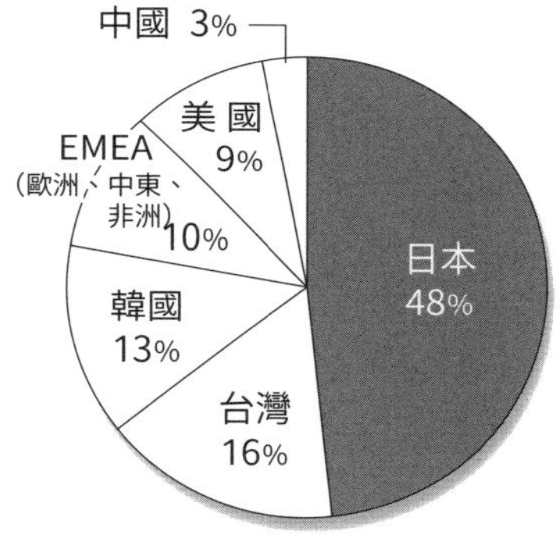

（註）主要半導體零組件材料項目（晶圓、光阻劑、CMP 研磨劑、掩模、石英玻璃、合金線材的市占率）
取自「2021 年度重要技術管理體制強化事業（重要電子工學市場實況調查及情報收集）」（OMDIA），經濟產業省製作，2021 年度實績
※Europe, the Middle East and Africa

中，也具備壓倒性的市場占有率。

半導體產業的全球分工已經成熟，沒有一個國家能夠獨自包辦整個半導體製造流程。或許中國是唯一能夠做到的國家，儘管該國目前還沒有製造先進半導體的能力。因此，一味感嘆：「日本沒辦法像台灣台積電那樣製造邏輯半導體」，其實是沒有意義的。

最重要的是日本要加深與可靠貿易夥伴的關係，在全球供應鏈中扮演重要的角色。如此一來，當某個國家試圖施加經濟脅迫，導致日本無法提供物資時，對全世界半導體供給也會造成影響，進而使得其他國家也蒙受損失，因此想對日本施加壓力也就變得較為困難。

經濟安全上的「戰略不可或缺性」，意思就是在沒有日本的情況下會使得供應鏈無法成形，如此便能抑制他國的經濟威嚇，進而維持供應鏈的穩定。

自二〇二二年起，日本除了邀請台積電在熊本市菊陽町設廠外，日本產業技術綜合研究所和台積電也將在茨城縣筑波市共同建立一座研究開發中心，而且韓國三星也計畫在橫濱市創立一個新據點。無獨有偶，美國也宣布招攬台積電在亞利桑那州設廠，二〇二一年招攬三星電子在德州設廠。

另外，美日也計畫在日本成立一家，以超越2奈米製程為目標的半導體公司Rapidus，試圖重新回到邏輯半導體領域。日本的半導體產業已進入一個新局面，逐漸回到再度角逐全球最先進的地位。現今中國無法製造先進半導體，軍事實力擴張也受到限制，因此，日本與盟國和友邦共同合作，進軍先進半導體開發市場，拉開與中國的差距，此舉是一項具有地緣經濟意義的重要戰略嘗試。

經濟治略的四種類型

美國的目的是利用半導體這項戰略物資，減緩中國軍事實力成長。與美國聯手的日本表示，此舉是為了經濟安全採取的國家政策。之前說明美國的例子屬於經濟治略，但這與經濟安全有何不同？接下來就來看看兩者的差異，首先從經濟治略的定義談起。

經濟治略有什麼措施可以使用？主要可以分成四種。

首先，用最明確的說法表達經濟治略，就是「制裁」二字。而制裁又分兩種，一種是以聯合國憲章為基礎，透過安理會決議發動的聯合國制裁；另一種是各國根據國內法，為了達成特定政策目標，自行發起的單邊制裁。除此以外，美洲國家組織等區域組織，也有能力實施類似聯合國的多邊制裁。聯合國在一九九〇年代，對伊實施全面經濟制裁，該制裁被視為不符合人道主義精神，因此現在已轉為「針對性制裁」，直接針對必須為受制裁行為負責的個人和組織施加制裁。

其次，另一個常見的經濟治略措施，就是利用「出口管制」和「安全貿易管制」作為架構。原本出口管制的用意，是為了防止一國的技術和特定產品移轉到他國，用於開發與核武等，大規模殺傷性武器或特定常規武器，所需的相關技術開發和產品製造。這些出口管制都是由各國依據國內法（在日本為《外匯及對外貿易法》）來實施。因此，針對出口管制目標項目，限制出口到哪個國家，以及必須注意哪些收貨地，都是根據各國出口管制的機關做出判斷。

因此，各國在決定針對哪些國家進行嚴厲管制，擁有極大的自由裁量權，而且往往可以針對經濟治略對象，進行加強出口管制。這次美國對中出口管制，就是採用此一形態的經濟治略。

另外一個例子就是二〇一九年七月日本曾對韓國實施出口管制。當時，日本禁止出口用來製造半導體不可或缺的三項產品包括氟化氫、氟化聚醯亞胺及光阻劑給韓國，在此之前，韓國一直都是列入「白名單」的國家，享有出口優惠待遇，可是此次管制卻讓韓國必須獨自申請進口。

也就是說這三種產品對於半導體製造業實力強大的韓國而言，是絕對不可或缺的產品，同時這三種產品也是日本企業在國際上市占率極高的領域。二〇一九年管制措施發動前，光是二〇一九年一至五月韓國進口氟化聚醯亞胺和光阻劑這兩種產品中，有百分之九十是在日本製造，可見韓國相當仰賴從日本進口。

從表面上來看，日本透過出口管制的手段來試圖改變韓國作為，同時也是對於過去「徵用工」問題，尋求改變韓國態勢的經濟治略。換言之，這是日本安倍政府針對韓國文在寅政府未對徵用工問題做出具體表態而採取的反制措施。

最終，出口管制也並未讓韓國做出改變，對於徵用工訴訟案的判決也沒有任何實質影響，甚至韓國也找到了其他的進口來源。另外，二〇二三年一月，岸田政府著手改善和韓國尹錫銳政府的關係，讓韓國也重新回到「白名單（現為A組）」。

第三種措施是「暫停通商或設置貿易屏障」，這必須是在比他國具有一定優勢的領域，或者目標國在經濟上高度依賴該國時，才會發生效果。然而，不同於制裁或出口管制，這種制裁並沒有任何法律、共同目標或國際正當性作為依據，完全是單方面對目標國行使權力，由此完全可以看出，經濟治略的確是一場「不動用武器的戰爭」。

其中一個例子，就是二〇一〇年中國暫停稀土出口。但是，中國實行的這項措施，在二〇一二年被判定違反世界貿易組織規則，因為該手段違背了自由貿易原則。

第四種措施是「援助或利益交換」，利用經濟饋贈來行使影響力，達成外交或戰略目標。

到目前為止，援助是已開發國家對開發中國家的某種義務，國際社會認為這是一種財富再分配，以及人道主義應對危機的形式。然而，如果像中國推動「一帶一路」倡議，接受援助或投資的國家就會變得依賴他國，並且以援助作為交換條件，或者利用經濟利益，發揮政治影響力，這樣就可以算是一種經濟治略。另外，中國的口罩外交和疫苗外交也是利用回報要求對方改變行為，都可以算是經濟治略的第四種措施。

明確告知「敵人」的宣示效果

制裁、出口管制、貿易封鎖或援助都是實行經濟治略時會採用的手段，但透過這些措施，實施經濟治略的國家究竟想實現什麼目標呢？

首先，經濟治略是透過經濟手段，對他國實施強制措施，迫使他國改變行為或實施特定的政策。換句話說，實施經濟治略就是讓目標國改變行為。

特別是伊朗核協議，就是聯合國、美國和歐盟等，透過制裁限制伊朗開發核武，並成功讓伊朗改變計畫，便是達成經濟治略的一項實例。但是，北韓的核武開發計畫，並未因為聯合國、美國和日本的制裁而改變，開發計畫依舊持續進行，外界認為事實上北韓已擁有核武。

那麼，無法改變他國行為的經濟治略，是否就毫無用處呢？其實，經濟治略還有另一個目的稱為「宣示效果」，也就是向國際社會表明，有哪個國家違反國際規範，以及實施經濟治略的國家對目標國明確宣示有什麼具體要求。透過宣示效果可以讓國際社會明白實施經濟治略的國家，究竟與誰為敵？究竟要追求什麼？或是希望對方做出怎麼樣的改變？

另外，透過觀察其他國家是否參與或協助經濟治略，也可以區分誰是敵方？誰是盟？也就是說，透過宣示效果可以重申國際社會的秩序，並且確認自己在該秩序中，處於何種立場。再者，經濟治略也是一國號召他國的手段，行使經濟治略的國家可以藉此整合國內的政治局勢，認清哪些國家是共同的敵人，找出有哪些國家可以合作，或者成為擁有共同目標的盟友。

從美國對中國進行半導體管制來看，美國的宣示效果就一目瞭然。如此一來我們就能理解，縱然宣示效果會對國內特定產業造成影響，日本和荷蘭堅持不出口半導體製造設備給中國有決定性的意義。

另外，利用經濟治略對他國行使經濟面的施壓，往往會對國內企業和經濟活動帶來一定的限制，也會帶來經濟上的損失。而該國企業會要求國家針對這些損失進行補償，然而發動經濟治略的原因不僅僅是經濟問題，還有外交安全層面的問題，發動國必須主張本國因經濟治略所蒙受的損失，比起發動戰爭或不發動經濟治略導致的損失還要少（也算得上是一種「安全」的貿易）。

因此，發動經濟治略的國家，往往會強調他國造成的威脅，聲稱經濟治略是唯一遏制威脅的手段，進而將其正當化，或者大肆宣傳本國的戰略目標，將經濟治略的後果作為達成國家大業的必要犧牲，激發民族主義來將經濟治略正當化。

更進一步來說，為了避免他國施加的經濟壓力和不利因素，進而改變自身行為，遭受經濟治略的目標國也可能訴諸民族主義，在國內呼籲「相忍為國」，或者藉由軍事行動的報復來反擊，作為對抗經濟治略的措施。

經濟治略手段不僅限於經濟強國使用

乍看之下，透過經濟手段執行政治意圖，似乎能夠帶來強大的效果。實際上，石油危機和伊朗核協議這些實例，的確可以看出經濟治略帶來的效果，選擇其作為戰略工具似乎也合情合理。

話雖如此，經濟治略發揮效果達成目的例子並不多。為了讓經濟治略發揮效果，必須滿足數個條件，而且就算必要條件都已滿足，也無法保證發動經濟治略必能成功達成目的。

一般通常認為經濟治略是經濟強國對弱國採取的措施，但實際情況並非如此。當然，經濟實力強大的國家（國內生產毛額高且具備產業競爭力），擁有較高的權力資源，的確有比較高的強制力，讓他國按照自己的意思行動。但是，即使沒有強大的經濟實力，也可以有效實施經濟治略，關鍵的概念就是「脆弱性」。

這種脆弱性源自於對他國的高度依賴，日本對中東原油的依賴度極高，不得不說在能源方面確有其脆弱性，然而脆弱性並不僅限於原油這類資源。一九四五年，政治經濟學者阿爾伯特．赫緒曼（Albert Otto Hirschman），就提出貿易的「影響力效果（Influence Effect）」，他指出在貿易產生的依賴關係之中，當一國嚴重依賴與另一國的貿易關係時，就能讓被依賴的一方行使「影響力」。

當今世界上，依賴問題不再僅取決於貿易量，還包括錯綜複雜的供應鏈、市場准入規則和標準的問題，以及對關鍵貨幣的依賴，使得「依賴與脆弱性」的問題更加嚴重。

讓經濟治略發揮效果的三種條件

經濟治略發揮作用的首要條件，是全球供應鏈中，目標國對特定國家製造的產品，有著高度依賴的狀態。許多國家都能製造的汽車和電氣產品等通用消費品，很容易能夠找到替代的供給來源。然而，諸如半導體製造設備和先進材料等，或是原油、稀土這些埋藏分布不均的能源，都由特定國家獨占，一旦目標國對此產生依賴，就容易對目標國實施經濟治略。

第二個條件，從依賴和脆弱性的觀點來看，「市場規模」是一個重要因素。全世界國內生產毛額最高的國家是美國，其次是中國，這兩個市場規模都極其龐大，多數跨國企業都無法忽視，一旦被排除在這兩個市場之外，想找到規模足以替代美國和中國的市場相當困難。另外，歐盟是由二十七個國家組成的單一市場，也算一個規模巨大的市場。因此，市場規模較大的國家，可以藉由實施經濟治略，限制他國進入該市場。

舉例來說，二〇一九年美中因新疆棉發生摩擦。新疆棉是指中國新疆維吾爾地區製造的棉花，外界懷疑中國透過強制勞動，剝削維吾爾人創造的產物，因此使用新疆棉的各國成衣業，也被迫要對此事做出回應。

新冠疫情前，中國是全球最大棉花製造國，其中新疆棉占了近九成。由於價格低廉，許多快時尚品牌都使用新疆棉，隨著新疆維吾爾地區的強制勞動等問題受到重視，使用強制勞動採收的棉花，給人留下助長強制勞動的印象，西方各國也出現拒買新疆棉產品的抵制運動。

雖然這是美中之間的摩擦，另一方面也是人權盡職管理的問題。人權盡職管理是指製造過程中，發現任何形式侵害人權的勞動，從人道主義的觀點來看，就應將該產品排除在供應商之外。這個問題的本質是供應鏈取捨以及人權價值觀，但是在經濟安全的架構中，也經常引發討論。

美國依據《全球馬格尼茨基人權問責法》，以人權為由積極實施經濟制裁。除了新疆棉之外，美國也認定同為新疆維吾爾地區製造的蕃茄，也是強制勞動的產物，因而發布總統命令禁止進口，導致日本一家醫療製造商的貨物遭到扣押。美國以「人權」為由，禁止進口使用新疆棉的企業產品，迫使各國企業在「新疆棉或美國市場」之間做出選擇，這個做法是以市場規模為槓桿來實施經濟治略。

再者，為了與美國的制裁相抗衡，中國頒布《中華人民共和國反外國制裁法》，聲稱：「外國以各種藉口或依據其國內法律，對中國進行威懾或打壓，使中國公民及組織受到歧視性限制措施，屬於干涉中國內政行為」，中方將對此採取因應的反制措施，也就是說：「若為了保有美國市場而遵從美國的制裁，將會失去中國市場」，顯然中國也以市場規模作為槓桿發動經濟治略。換句話說，美中正利用各自的市場規模作為籌碼，對彼此實施經濟治略。

與美中雙方都有經濟往來的國家，例如日本，若是選擇遵從美國的規則，減少與中國的貿易往來，則會讓中國對日本採取反制措施，如此一來日本就處於進退兩難的局面。

美中雙方為實現自身的價值觀和戰略利益，透過經濟手段行使影響力的情況下，與兩國在經濟層面有深厚關係的國家，將面臨苦不堪言的局面。因此，各國必須關注他國的法規，具體來說就是美中兩國的法規。

第三，許多國家都依賴美元，作為國際關鍵貨幣和結算貨幣，此舉將曝露自身的「脆弱性」，為實施經濟治略提供有利條件。也就是說依賴美元，將使美國以外的國家成為經濟治略目標國時，在國際結算的過程中，幾乎都是透過通匯進行交易，這麼做金流必然會經過美國，美國就能依據國內法行使管轄權，藉此截斷他國貨幣的流通。因此，倘若一個國家成為美國實施經濟治略的對象，極可能使得其他依賴美元進行結算的國家，連帶受到影響。

走私、海上轉運與第三國貿易

但是，即使在依賴與脆弱性都成立的情況下，也不代表經濟治略都一定能發揮有效的影響力，並達成戰略目標，因為經濟治略的目標國會採取各種反制措施。若是民主制度的國家，民間的貧困是政府的責任，有時會要求政府屈服於他國的壓力與之求和，而獨裁國家即使遭受他國的經濟治略，民眾再怎麼貧困，大多也不會產生顛覆政府的影響，因此經濟治略的效果便顯得較為有限。以目前對俄制裁來說，就算經濟再怎麼蕭條，俄羅斯民眾對普丁的支持也不曾動搖，這就是一個典型的例子。

不只是俄羅斯，其他成為經濟治略目標的國家，也會選擇各種方式尋找壓力的漏洞，以減緩貧困的狀態。最具代表性的例子就是走私，北韓目前正受到聯合國和美國制裁，仍舊能夠利用走私船進行海上交易來獲取外匯，再使用外匯進口物資，而這些物資主要都是從由中國提供。實施這類走私時，並非直接交易，而是經由第三國來進行交易，這樣迂迴曲折的出口方式，讓走私交易變得愈發難以察覺。

為了避免過度依賴關鍵貨幣美元，使用虛擬貨幣結算，或是不透過美元，而採用其他貨幣交易，也是一種規避的方法，還有不利用貨幣這個媒介，直接採取以物易物（Barter Trade）來進行交易也是一種方法。中國積極建構數位人民幣的環境，可以看出是嘗試迴避對美元的依賴，即使美國發動經濟治略也不受影響。

另外，為了對抗經濟治略，不僅要加強庫存，還要開發擺脫依賴和脆弱性的替代方案，這也是降低經濟治略效果的方法。二〇一〇年，中國限制稀土出口時，因為無法取得油電混合車磁鐵必要的鏑，讓日本汽車企業得到一次慘痛的經驗，進而推動不依賴稀土的磁鐵，二〇一六年本田成功開發出，不需要依賴中國稀土的油電混合車。

透過實施經濟治略，目標國往往會選擇開發替代方案或加強國內製造。也就是說實施經濟治略，對方也會為了降低脆弱性，去創造脫離依賴的環境，這種狀況就宛如「經濟治略悖論」。

換句話說，當目標國有依賴對象，經濟治略雖能發揮效果，但因累積經驗便能降低依賴，結果經濟治略的有效性也隨之下降。目標國不曾設想受到經濟強制措施，也就是依賴度偏高的時候，效果也就愈強大，但是經歷過經濟治略洗禮，開始徹底調查替代方案，經濟治略的有效性也會隨之降低。

那麼，如果川普政府持續發動經濟治略會怎麼發展呢？當然，經濟治略的效果會逐漸下降，乍看之下美國的影響力也會降低，可能會讓人覺得霸權已然衰退。只要美元作為關鍵貨幣的地位沒有動搖，美國具備實施經濟治略的能力，相對還是居高不下，替代方案並不是那麼容易找到。值得注意的是，短期內連續實施經濟治略，其效果也不不一定會馬上降低。

經濟治略與經濟安全的差異

「經濟治略」和「經濟安全」可以說是不同的概念。或者說，經濟安全就是密切關注風險，並對其進行分析，事先採取對策，防止他國發動有效的經濟治略。

總而言之，經濟治略是國家主體的行為，有意圖地透過經濟手段，對他國行使影響力，問題在於發動經濟治略的國家，是否能夠得到期望的結果，而經濟安全的目的，則是處理對國家存在造成威脅的事態，不管是他國有意為之，還是災害這類非主觀意圖的現象。

簡單來說，兩者的差別在於，**經濟治略是「進攻」態勢，而經濟安全則是「防禦」**。經濟安全的目的是保護本國，不像經濟治略旨在積極改變對方的行為。即使經濟安全實施得再徹底，也很難直接弱化特定國家的產業，也不能在短期內改變對方在政治外交上的態度。甚至可以說，經濟安全能夠藉由守護本國產業，進而與對手的經濟治略手段抗衡。

當然，實施經濟治略的國家，一定已經看穿本國弱點和脆弱性所在之處。因此，本國必須找出突破口，利用本國的強項，向對手施加壓力。分析自身弱點，加強防禦力量，就是經濟安全的真正意義。

全球供應鏈的自律規範

二〇二〇年十月，日本自民黨新國際秩序創造戰略本部發表「《制定經濟安全戰略》的建議」，反映出政府的成長戰略與二〇二一年頒布的《基本方針》，之後在二〇二二年五月又頒布《經濟安全促進法》。自民黨的建議中指出，經濟安全的定義為「從經濟層面上保障國家利益」，以及「從經濟層面上保障國家獨立、生存和繁榮」。實現此目標的手段，就是體認「戰略自主」和「戰略不可或缺性」的重要性。

無庸置疑的是，日本幾乎不可能自主採購、加工所有必要的產品和服務。而且有些資源，像是原油和稀土等，原本就只在特定地區才能產出。另外，跨國供應鏈分布廣闊，而且全球分工體系已然成形，想要獨立掌握所有產品和供給，將會耗費無盡的成本。日本必須擬定戰略，決定自主製造的項目和涵蓋範圍。

另外，關於不可或缺性，基本上就算日本擁有獨一無二的產業和強項，但主體還是民間企業。當政府行使權力，限制國際性的技術開發和出口，民間企業恐怕會付出莫大的損失和成本。國家戰略和政治方針，絕對要需要獲得企業認同。

經濟治略的四種對策

那麼在制定《經濟安全法案》的過程中，究竟討論了什麼？涵蓋了哪些要素？政府在二〇二一年十一月，召開首屆經濟安全推進會議，將以下四件事項，設定為防止外流的首要領域。①加強關鍵材料和原料的供應鏈。②保障核心基礎建設功能安全可靠。③透過產官合作，培育、支持重要技術的架構。④透過專利非公開化，防止洩漏機密發明。

關於第一個提到的「供應鏈」，在努力保障重要材料的穩定供給，例如：開發替代物資時，提供補助和特例措施。另外，將醫療用品和半導體設定為「重要物資」。接下來關於第二個提到的「基礎建設」，目標領域包括十四個產業：電力、天然氣、石油、水利、鐵路、貨車運輸、海運、航空、機場、電信、廣播、郵政、金融、信用卡，引進重要設備時，有義務事先提交計畫書。

再來是第三個提到的「產官技術合作」，涵蓋太空、海洋、量子計算和人工智慧（AI）等領域，針對特定關鍵技術研發，提供必要的資訊和資金援助，並為此設置協議會和智囊團。前者決定「是否能夠提供資助」，後者判斷「能否獲得特定關鍵技術」，無論哪一項，成員都必須遵守保密義務。

至於第四個提到的「專利非公開化」，因為過去的專利都是以公開為前提，因此這一項的目的是「讓為了維護安全，不得不放棄申請專利的發明者，也能獲得專利法的保障」，藉此來防止機密技術外流。

另一方面，經濟安全的核心，在於培育戰略性產業並加以保護。其中包括半導體、蓄電池和醫療用品。舉例來說，半導體的種類繁多，醫療用品也是從疫苗到感冒藥，涵蓋的範疇廣闊。因此政府必須分辨，哪些是需要保護的重要物資，才能制訂更加明確的國家戰略。

此時有一點必須注意，制定政策時不能單純只保護競爭力較弱的產業。由於在海外製造會比在日本製造更具經濟效益，因此有些企業會透過各種形式，將製造據點移至海外。

若是希望企業回歸國內生產製造，必須思考其中的意義何在。如果認為「一項迫不得已要在國外製造的重要產業，必須加強援助，使其回到國內」，該如何有效保障資源，也是一個問題。政府必須考慮到，即使製造成本會提高，但就安全的考量，是否必須將製造據點放在國內。

經濟安全從基本上來說，屬於「防禦」態勢，但有時也需要討論轉守進攻的情況。具體該扶植哪些產業，是否有必要維持其不可或缺性，在全球市場中又該如何發揮優勢，這些都是必須考量的重點。

「二十一世紀的石油」——數據與半導體的關係

經濟安全的關鍵概念是減少對他國的依賴，對他國的依賴就等於本國的脆弱性。換言之，對某國的某產品產生依賴，對該國的脆弱性就隨之增加。容我再說一次，二〇一〇年日本漁船衝撞事件，導致中國發動經濟治略限制稀土出口，使得日本主力產業汽車製造業，受到極大的影響，這就是因為中國掌握日本的脆弱性所在之處，進而採取的措施。掌握並理解這類經濟情報，就能轉為武器使用，而中國已經學會如何充分利用經濟情報。

中國壟斷了許多產品的製造，不僅是戰略物資，就連通用產品，也可能在全球市場上具有競爭力。「口罩」就是一個典型的例子，雖然世界各地都能製造，但想要以低廉的成本大量製造，只有中國擁有優勢。因此，中國也就順理成章壟斷了製造，到了緊要關頭就成為中國的外交籌碼。也就是說，口罩需求成為他國在面對中國時的一個罩門。

為了降低對他國的依賴，必須制訂相應的政策措施，這也就是經濟安全的考量。以剛才的例子來說，就是平時就增加口罩的儲備量、尋找不同的供貨地、開發替代品等，都是必要的措施。為了達成這一目標，就必須在國際社會中，增加值得信賴的盟友。

上述的情況不僅限於物質，在資訊的世界裡，已經有一個術語 Data Free Flow with Trust（DFFT），意思是「受信任的數據自由流通」。各國開始共同努力，讓有助於解決商業及社會課題的數據，能夠跨國自由流通的狀態，同時保障個人隱私、安全和智慧財產權。

進入二十一世紀後，「數據是二十一世紀的石油」這句話應運而生，這代表能夠動搖國家和產業的「戰略物資」，已經不僅是指資源和能源。電腦和智慧型手機已完全融入日常生活中，而使用這些裝置時，產生的消費行為、移動軌跡、查詢記錄等各種數據，透過科技處理，便能展現出與資源相同的重要性。

一般每天所產生的「大數據」，經過分析、加工後就能成為「資產」。而想要處理大數據，就得先建構起國內外交流基礎的物資，必須用到先進邏輯半導體，以及撐起數據通訊的基礎設備。因此就看出二〇二〇年代初美國不斷對提供5G通訊的中國大型電信商華為保持警戒，並將其排除於國內市場之外的原因。國際間的數據流通，必須是對個人隱私和智慧財產權，擁有相同價值觀的國家，才有可能展開合作。

中國引進研究人才的「千人計畫」

不同於供應鏈的安全，另外還有技術不擴散帶來的國安問題。這個做法已經基於《外匯與外國貿易法》開始實施，而且是一個行之有年的安全貿易管理架構。近年來，不僅對大規模殺傷性武器，和常規武器進行管理，未來可轉為軍事用途的新興技術管理。

尤其是對於中國具有優勢的無人機和人工智慧，美國於二〇一八年，通過《加強出口管制法案（ECRA）[34]》，規定要限制對中出口相關物資，而且還在現有的出口管理項目清單中，將新興技術也列為管制對象。

關於核不擴散的安全，不僅是管制技術的出口。二〇一六年，中國收購德國機

34 加強出口管制法案／Export Control Reform Act

器人製造商庫卡，過去中國在機器人技術方面處於劣勢，但現在明顯試著透過收購企業，來加強不足之處。

美國透過對美國海外投資委員會（CFIUS）[35]，管理外資以收購企業進行技術移轉，但為了進一步加強這項制度，二〇一八年通過《外國投資風險審查現代化法案（FIRRMA）[36]》，為防止技術外流做足準備。

近來為了應對中國資本，對高科技新創公司猛烈投資的攻勢，CFIUS必須處理的案件數量激增，可以說是已經不堪負荷。再者，日本製鐵公司於二〇二四年切，宣布收購美國鋼鐵公司，由於臨近美國總統大選，該交易涉及政治敏感問題，CFIUS審查也停滯不前。但這起案件與其說是擔心技術洩漏，倒不如說是為了避免發生不利於政府的政治動亂，而採取的一種手段。

更大的問題是隨著人員流動造成技術外流。過去，退休人員到外資企業二度就業，或是具備機密技術的研究人員被挖角，人員流動會衍生出技術外流的問題。**習近平統治下的中國政府發起「千人計畫」，不僅是拉攏研究人員，還派遣大量中國留學生到美國等地，讓他們學習機密的關鍵技術，此舉也令各國感到擔憂。**

不論是學者或技術人員，都有選擇職業的自由，即使知道「千人計畫」可能帶來的危害，也很難去限制人員流動。再者，就經營大學的角度來看，中國留學生是不可或缺的物資，來自中國的研究資金往往也發揮重要的作用，就算危害到國家安全，政府也難以出手管理。

在美國，孔子學院被視為外國政府機構，並進行同等的管理，為了保障「學術倫理（Academic integrity）」，規定研究人員若已接受海外機構資助，就不能再取得國內研究資助，此項規定已開始實施。

透過技術不擴散法規帶來的安全，也就是以經濟措施保障民眾生命財產的經濟安全。再者，他國想要的技術，往往是本國具有優勢的技術，也就是說，對他國而言是具有戰略不可或缺性的技術。為了保障技術上的戰略不可或缺性，必須徹底管理這類技術。因此，限制技術外流的「安全許可（Security Clearance）」制度，也

35 美國海外投資委員會／The Committee on Foreign Investments in the United States

36 外國投資風險審查現代化法案／Foreign Investment Risk Review Modernization Act

是加強戰略不可或缺性的措施。

在美中軍事緊張局勢加劇的背景中，技術不擴散問題，對於日本國家安全而言，也是至關重要的課題。徹底管理軍民兩用技術，對日本而言更是一項值得持續關注的重要課題。

日本能否發揮「戰略不可或缺性」？

那麼面對世界大局，日本該怎麼做呢？日本自民黨所提出的「戰略不可或缺性」就顯得極為重要。倘若中國對日本施加制裁，只要中國對日本高度依賴，就不會那麼容易受到制裁。如今中日兩國處於經濟相互依存的狀態，而且中日兩國也與全球供應鏈網絡緊密相連。日本若想掌握優勢，就必須擁有他國沒有的技術和產品，應做好嚴格管理以避免外流，同時也讓他國意識到，日本是一個「不可或缺」的存在。

在目前經濟安全的背景下，以經常提及的半導體為例，日本擁有的半導體材料與製造設備，確實具有高市占率和優良的品質，堪稱是「不可或缺性」的象徵。當然，一旦和中國完全切斷關係，想用這些「不可或缺」的物資作為武器，就會變得較為困難。因此，積極開發中國沒有的技術，創造出中國對該類產品的依賴，顯得極為重要。若能做到這點，即使是沒有天然資源的日本，也能擁有他國需要的「戰略物資」。

竭盡所能縮小技術轉移的可能性，並積極使用該項技術，創造出讓對方依賴的狀態，等到緊要關頭就能發揮「戰略不可或缺性」。隨著脫鉤不斷進展，相互依存的狀況不復存在時，就無法向對方施加壓力。因此，脫鉤並不是一項恰當的經濟安全戰略，反倒是積極促使他國對本國依賴，才是最合適的經濟安全戰略。只要能夠創造出上述的局面，就能形成經濟安全的壓制力，而善用這股壓制力的方法，最重要的還是提昇技術，並將其商品化，以及徹底防堵技術外流。

經濟安全並不代表為了保障供應鏈的安全性，就不計成本將具有戰略意義的重要產業移回國內。讓日本成為全球供應鏈不可或缺的存在，並徹底避免技術外流，讓他國持續處於對日本依賴的狀態，才是真正達成經濟安全的不二法門。

隨著全球化的進展，世界各國都是全球供應鏈的一環，經濟治略被視為國家權力的反作用力。雖然其效果有限，但也是一種「不同手段的戰爭」，必然會成為今後國際政治中的一種工具。

既然如此，若想在他國發動經濟治略時，守護本國的經濟安全，今後治理國家就必須將不可或缺性列入考量。

第4章

國際秩序與自由貿易

國際秩序是「憑實力」還是「講規矩」？

隨著經濟和安全的連結日益緊密，嚴格遵守法治和規則的重要性愈發突顯。然而，本應維護規範的國際秩序，卻愈來愈不穩定。

自由貿易逐漸普及，國家之間的相互依存不斷加深，正面和負面影響也愈發顯著。負面影響有一個顯而易見的例子，就是隨著供應鏈擴大，其中一個環節因故中斷，就會立刻對國際環境造成影響。因此，經濟治略這種政策措施，可以用來作為武器，達到本國的政治訴求。

而且，不僅是過去認為的資源能源等狹義的戰略物資，像半導體這種工業產品也能作為武器使用。如今，就連半導體處理的數據，也稱為「二十一世紀的石油」，日本也不例外，關乎國家興亡的物資，已不再只有石油資源，所有仰賴進口的物品都潛藏著危機，供應鏈中眾多國家的動向都必須密切關注，只需留意中東資源的時代已經結束。

另外，支撐貿易基礎的國際秩序也陷入混亂。現今，所有參與商業活動的一般，不僅要關注資源，還要留意國際秩序的變化，為緊急情況做好應對準備，俄羅斯入侵烏克蘭一事，讓我們認清這個現實。

重建國際秩序刻不容緩，然而，國際秩序並非外部賦予，而是由包括日本在內，所有參與其中的國家，基於自身意志構築而成。俄羅斯、以色列和中國不遵守規則，只想用武力建立秩序，日本必須看清他們到底想創造出什麼樣的秩序，並且下定決心與之對抗。

透過武力建立秩序並不是俄羅斯和中國這些獨裁國家的專利，民主國家也是一樣，經濟問題也是選舉時的重點討論事項。為了解決國內經濟問題，一般可能認為即使違反國際規則和協議，國家也必須自己的就業和經濟需求。

民主國家即使舉行選舉，其政策也都不會踰越ＷＴＯ的規則或自由貿易理念，以及國際間簽定的貿易協議。然而，現今想維持基於規則形成的國際秩序，變得越來越困難，強國為了自身利益，會試圖透過自己的影響力來制定規則，建立對自己有利的國際秩序。

無論是俄羅斯入侵烏克蘭，還是以色列對哈瑪斯的反擊，都是背離國際法和各項國際規範，企圖以武力改變秩序的舉動。即使不公開行使武力，透過經濟和技術實力的差距，實施出口管制和加強國內投資限制，也能達成相同的目的，這正是美國對中國採取的措施。

即使日本試圖基於規則來建立國際秩序，只要想透過武力建立秩序的國不參與，也不可能達成共識。相反的，實力愈是強大的國家，愈是能創造出提高自身支配力的秩序。

當今這個時代，一般開始質疑，透過武力維持秩序或者基於規則訂定秩序，何者才是正義？

聯合國無計可施

第二次世界大戰後，美國和聯合國都承擔著領導國際秩序的職責。聯合國安理會就充分體現領導國際秩序的職責，安理會是由第二次世界大戰的五個戰勝國，擔任常任理事國，這五大國分別是美國、英國、法國、蘇聯（俄羅斯）、中國（當初是中華民國台灣，現在是中華人民共和國）。五大國都握有否決權，安理會當中的五大國，只要其中一國行使否決權，決議就無法通過。因此，儘管聯合國的初衷是希望「五大國步調一致，經過協調來推動事物發展」，但就目前的情況來看，「只要有一個國家反對，就做不出任何決議」的消極面，正遭受質疑。

二〇二二年二月俄羅斯入侵烏克蘭時，因為俄羅斯行使否決權，不但無法有效對俄發動制裁，就連譴責決議也無法通過。而二〇二三年十月哈瑪斯發動襲擊，導致以色列為了報復，進而攻擊加薩走廊，但因為美國支持以色列而發動否決權，使得立即停火的決議無法通過。另一方面，美國提出「人道停戰」建議，也因俄羅斯和中國否決而告終，聯合國可謂陷入一場僵局。

另外，美國支持與以色列極右翼政黨聯合執政的納坦雅胡政府，與其對俄的態度相對比，導致外界批評美國雙重標準，而美國的態度不僅影響聯合國正常運作，甚至致使國際秩序產生動搖。

安理會常任理事國的俄羅斯發動侵略

當前國際秩序的基本態勢，是美國和西方各國對抗中國和俄羅斯。但是，現今不同於冷戰時期，先前說過各國都已經落入「相互依存的陷阱」，對立的國家也都處於相互依存的關係。美國和中俄對立的起始點，就是二〇〇八年發生的雷曼兄弟事件。雷曼兄弟事件發生後，當已開發國家還為了金融危機的後遺症苦惱不已時，中國和俄羅斯透過「國家資本主義」，迅速得危機中東山再起，之後便開始推行強硬的外交政策。

尤其是俄羅斯，身為聯合國安理會常任理事國，卻在二〇一四年併吞了克里米亞半島，並介入烏克蘭東部的紛爭。對此，美國提出「克里米亞半島公民投票無效決議」，遭俄羅斯行使否決權而告終。二〇二二年之後，俄羅斯相關的決議，也都理所當然遭到否決。二〇二三年九月，烏克蘭表示：「持續入侵烏克蘭的俄羅斯，握有安理會否決權是史上最糟的笑話」，並要求「取消俄羅斯否決權」。至今為止，國際秩序都受到國際法保護，但俄羅斯不願遵從該秩序的態勢愈發強硬，在「後冷戰」時期的安理會中，俄羅斯也改變合作的立場，寧願頂著國際批評的聲浪，也要行使否決權。

中國的作為也是無視國際法和國際規範，在南海填海造地、介入台灣選舉、對西藏和維吾爾人進行高壓統治，即使面對這些無法迴避的問題，中國仍一再主張自己在國際社會中，扮演著維護自由貿易制度和國際秩序的角色。中國口口聲聲宣稱，必須維護國際社會的自由貿易等秩序與規範，但是自己又不服從國際秩序的規則，總是一貫地強調「例外主義（Exceptionalism）」。

中國在南海「填海造地」的行為，已被國際仲裁法院裁定為違法，中國仍一意孤行。另外，中國在呼籲維護國際貿易秩序的同時，卻又不放棄外匯控管的權力。而且在面對智慧財產權問題時，中國的應對也很難說是遵守國際規則。

因此，俄羅斯和中國種種違反國際秩序的行為，代表著過去「西方」各國希望維護共同價值觀與規範的期望，已遭俄中兩國背叛。第二次世界大戰後的國際秩序，基本上是建立於「自由國際秩序（Liberal International Order）」這個準則之上。

「自由國際秩序」是著名國際政治學家，暨國際秩序研究泰斗約翰・艾肯貝里（John Ikenberry）提出的概念。對於「後冷戰」時期的世界秩序，這個概念是最普及的解釋，其基礎是第二次世界大戰後，由美國擔任主導的秩序，也就是基於自由、民主等自由主義價值觀，建立起來的規則與制度。

後冷戰時期，一般認為俄羅斯和中國，這些共產主義國家的經濟，都會在自由國際秩序庇護下成長，培育出中產階級，提升民主化的壓力，但最終無法如願。另外，中俄還偏離自由國際秩序，後冷戰時期的國際秩序架構不穩定，就代表國際社會中的不確定性增加，各種形式的摩擦也會浮上水面。實際上，美中間的貿易衝突，以及俄羅斯利用網路空間介入各國內政，某種程度上都造成國際社會動盪。

美國背離國際合作路線

但是，以國際合作為基礎，強調聯合國角色的自由國際秩序，面臨危機的主要原因，並不僅是中俄兩國背離所造成。近年，最醒目的是美國背離國際社會，像過去一樣不再參與國際社會。也就是說，自由國際秩序之所以面臨危機，是因為美國作為領導者和保護者，認為自由國際秩序不符合本國利益，因此決定跳脫出來，轉而推行「美國優先（America First）主義」。

特別是二〇一七年起，川普總統第一任期四年，主張「美國優先於國際合作」，就連本應沿襲歐巴馬國際協調路線的拜登政府，也不再像歷屆民主黨政府一樣，積極參與國際合作。

另外，中國和東南亞接收國際主義的紅利，變得更加富裕的同時，在美國被稱為鐵鏽帶（Rust Belt）工業區的工人，卻失去工資和工作，生產力不斷衰退。為什麼美國為了維護國際秩序，不惜血流成河，卻得不到回報？美國開始思考這個問題。

而且從二〇〇八年到二〇一三年左右，美國發生了頁岩氣革命，成為資源出口國。不再依賴中東後，至少美國就不須為了保障本國所需的資源，投入財力維持中東的穩定，

該傾向從歐巴馬總統時期就已經開始，愈來愈多人認為：「維護國際秩序對美國沒有任何好處」、「希望政府在幫助外國之前，能先幫助我們」。在共和黨和民主黨支持者當中，想法都愈來愈強烈。

疫情期間世界衛生組織對中國態度不夠強硬的原因

川普總統就是憑藉回應民眾不滿情緒登上政治舞臺，二〇一六年，川普總統贏

得總統大選，宣揚「美國優先」的理念，推翻過去所有同盟關係和國際承諾，並且將自由國際秩序視為眼前的敵人，使得該秩序面臨從未預料的狀況。

當然，美國先前也曾透過個案處理，無視對自己不利的國際規則，拒絕加入國際條約。但該做法僅止於部分政策，整體而言，美國還是提供國際公共財，藉此輸出自由民主主義的價值觀，因為穩定國際社會，也會對美國帶來利益，因此還是維護了自由國際秩序。

然而，川普政府不僅不再積極提供國際公共財，還認為他國免費使用美國創造的國際公共財，相當於對美國的掠奪。國際公共財涵蓋的範圍相當廣泛，例如：國際組織或連接世界通訊網路的海底電纜，川普總統不允許後來崛起的國家，與美國一起共享「繁榮紅利」，甚至還因此發展得比美國還繁榮。川普總統不願美國辛苦守護的繁榮被奪走，因此毫不保留地說出真心話，主張先讓美國民眾獲得回報，而多數美國民眾也支持他這一論點。

僅管美國並非完全無視自由與民主主義的價值觀，但也無意將其強加於他國，只要國內社會安定，他國做什麼都不需在意，也對國際社會的動亂沒有興趣，迄今為止美國的外交政策，重心都放在維持自由國際秩序，但如今的政策已有了本質上的不同。

為了爭取對國際主義抱持不滿的民眾支持，川普總統宣揚美國優先，並且不斷發表煽動民眾的言論，加深聯合國和國際主義的負面形象。而且川普總統並非空口說白話，二〇二〇年，川普總統暫停對世界衛生組織提供資金後，宣告將退出該組織。

當然，在新冠疫情期間，世界衛生組織確實沒有發揮應有的作用。二〇〇三年嚴重急性呼吸道症候群（SARS）疫情蔓延時，世界衛生組織無法得到中國協助，後因資訊不足而未能防止爆發大流行。此次經驗，讓世界衛生組織意識到「得罪中國就得不到必要的資訊」，因此新冠疫情時也無法對中國採取強硬的態度。看在川普總統眼中，就像是「世界衛生組織一直在看中國臉色」。

然而，世界衛生組織或聯合國這類國際組織也有其極限，因為這些國際組織只是主權國家的集合，本身不具備獨立的意志和權力。聯合國是一個由眾多國家組成的龐大官僚組織，難免工作效率低落、決策緩慢。

另外，隨著全球化進程加速，國家與國際組織已無法徹底解決國際問題，提升非政府組織（NGO）[37]和民間組織在聯合國內的影響力，也顯得愈發重要。為了讓企業和各類組織主動參與國際事務，聯合國全球盟約（UNGC）[38]應運而生，而比爾・蓋茲（Bill Gates）等創建非政府組織和基金會的慈善家，也開始為聯合國做出貢獻。今後必須號召更多有志之士參與國際事務，與此同時，敦促美國履行承諾，也是一個重大的課題。

雖然拜登政府發出總統令，宣布重回世界衛生組織，美國在某種程度上回歸國際主義當中，但已經無法期待美國像過去一樣，積極參與國際社會，發揮強大的領導力。在國際社會中，現今的美國可說已經不會再給出充分的承諾，而且不單是因為「川普總統才這樣」，就連「拜登也一樣」。

---

37 非政府組織／Non-governmental Organization

38 聯合國全球盟約／United Nations Global Compact

全球衝突難以收拾的局面

不可否認，俄羅斯入侵烏克蘭，是因為普丁認為「即使美國支持烏克蘭，也不會直接介入」。事實上，從二〇一一年發生的「阿拉伯之春」革命浪潮，到二〇一四年，產油國利比亞國內衝突再度升級，該事件的「幕後主導者」已不再是美國，反倒是俄羅斯和土耳其。

美國的介入是出於「我來守護國際秩序」的承諾，也是過去阻止世界各地衝突的主要力量。然而，由於美國減少承諾，全世界的紛爭也變得愈來愈難以平息。

而且，目前美國社會也處於「分裂」狀態。因此，一般擔心二〇二四年川普總統重返總統寶座，再次呼籲「美國優先」。

身為美國盟友的日本自然不在話下，甚至整個國際社會，都可能進入一個更不確定的時代。而且，在全球化發展和科技進步的同時，國際社會也面臨隨之而來的風險。

日本基於經濟安全所做的議論也強烈意識到，今後國際秩序的變化，其影響可能超過新型冠狀病毒全球大流行。這些非政治因素的風險，一旦成為現實，必然帶來地緣經濟上的影響。

中國散播假訊息之目的

再者，中國因福島核電廠排放處理過的廢水，禁止進口日本水產品。關於核處理水的問題，由於日本政府推遲排放時程，給了中國大做文章的機會。另一方面，針對中國的「不實指控」，外務省也相當積極發布澄清訊息。

外務省除了在官網開設「ＡＬＰＳ[39]核處理水向海洋排放的安全性」專題頁面，還製作了宣傳影片，與各國和各地區溝通，並與國際原子能總署合作，積極宣導。對於中國的論點，日本反駁其為「沒有科學根據的抗議」，並將內容公諸於世。

上述的情況，可以看得出日本外務省相當重視資訊戰。俄羅斯入侵烏克蘭期間，針對俄羅斯散播的虛假訊息，美國都一一提出反證，從這些事跡看來，「威權

39 一個從水中去除多種放射性核種的先進液體處理系統／Advanced Liquid Processing System

主義國家散播虛假訊息」一事，已獲得國際社會廣泛關注。日本也無法置身事外，看著美俄雙方展開資訊戰，深刻意識到面對中國散播「核處理水具危險性」的虛假資訊，必須做出反制措施。

中國散播虛假資訊的目的，是為了讓日本遭受國際社會批評，強迫日本接受中國的想法，企圖改變日本的政策。另外，禁止進口水產品，旨在對日本經濟施加壓力，藉以實現中國期望的政策。關於核處理水問題，中國質疑其安全性的用意，是想逼迫依賴中國市場的漁民，對日本政府施壓。對此，日本政府針對謠言造成的名譽毀損研擬對策，投入約三百億日圓，用於向企業食堂提供水產品，並展開宣傳活動，設立五百億日圓基金，用來援助漁業的持續經營，以及對漁民提供補助，這些都可說是經濟安全的措舉。正因為中國如此明目張膽實施經濟脅迫，日本政府和輿論都認定這是中國的蓄意攻擊，並且以經濟安全的觀點來看待此事。

其實，福島的水產品根本就沒有出口到中國，為了對抗中國施加的壓力，日本民眾甚至發起「吃福島海鮮來給予支持」運動，整件事上升到這個層級，確實值得關注。因為經濟安全的本質，就是充分掌握「本國的弱點（脆弱性）」。

「重要的是要清楚我們依賴什麼？依賴哪些國家？對每個國家出口什麼以及出口多少？當緊急狀況發生時，事態會怎麼發展？」這就是經濟安全的真諦。

機密情報管理的檢討

經濟安全不僅限於半導體或汽車等消費產品，或是海鮮等水產品，或是自然資源和能源等。就像政府的經濟安全政策是為了防止技術洩漏，讓了解資訊和技術的政治家、官僚和研究人員，知道彼此可以共享多大程度的資訊和技術。因此，在二〇二四年五月國會就通過了《重要經濟安全資訊保護法》，成為安全許可制度的一環，對於重要技術的保密程序做到滴水不漏。

所謂安全許可制度，根據內閣議決的內容來看，指的就是物資的供給網路，亦即供應鏈脆弱性的相關資訊，以及網路攻擊相關資訊等，一旦洩漏可能對經濟安全帶來問題的事項，都指定為「重要經濟安全資訊」，限制僅有特定權限的人員才能接觸這些資訊。也就是說，對國家進行「體檢」，調查犯罪前科及家庭關係後，認定沒有問題的人員，才允許接觸機密資訊。

關於安全許可，有些人認為就是「產業版的《特定秘密保護法》」。《特定秘密保護法》是對政府和防衛產業設定的義務，而且已滿足安全許可的必要條件。這次的法案更擴展到軍用和民用區別不明確的部分，就這層意義才套上「產業版」。但現實問題是，安全許可制度並無法套用在所有產業上，最多只能針對軍民區別不明確的領域進行審核，讓廠商能夠進行國際合作和參與國際標案，讓說明比較接近實際。這項措施的另一個面向，也是為了發展經濟安全，官民必須進行戰略性的對話，讓官民能夠安心共享機密資訊。

另外，該法案通過時，設定的目標是「建立與歐美同等的安全許可制度，才能夠與其他國家共享資訊」，但美國將重要資訊的範圍設定得太過廣泛，導致獲得安全許可的人數眾多，能夠接觸到真正重要機密的人數，比預想中還要更多。因此，為了有效運用該法案，必須區分哪些是真正需要保護的重要資訊。

高度機密的資訊，必須由國家來保護，而不是企業的責任，是因為這些技術和資訊，都與國家安全息息相關。保護機制的必要性在於，在這個時代，包括資訊在內，任何東西都可能成為武器，並且為國家帶來風險。

「俯瞰全球的外交戰略」

全球化不斷進展，民主主義對專制主義的衝突愈演愈烈，美國也失去維護國際秩序的熱情，現今已經進入中俄崛起的時代，經濟和政治加資訊，任何東西都能變成武器，日本又該如何應對？

值得注意的就是安倍政府的努力。安倍政府始於二〇一二年，同時也是二〇〇八年雷曼兄弟事件後，在政局持續不穩定的狀況下重新執政。隨後在國內推動安倍經濟學，乘上全球景氣回復的勢頭，另外還試圖修改憲法，重新建構日本在「後冷戰」時期的外交政策（「脫離戰後體制」）。這次嘗試，顯現出戰後體制的核心，也就是日美同盟朝著強化的方向發展，以及日本在聯合國等國際組織中，擴大自身重要性的意圖。

換句話說，與其說日本徹底改革過去的外交政策，更像是日本一邊維持日美關係的外交基礎，同時修改《和平安全法制》和憲法，試圖建構一個新的法律架構，解除過去對外交政策的限制，提高外交政策的自由度，創造出日本在國際社會中，能夠獨立行動的環境。

當然，日本外交的方向並非能夠獨自決定。至今為止的外交政策，都是以日美同盟為基礎，透過參與自由國際秩序來守護自身利益，到了「後冷戰」時代，逐漸加強在該秩序中的存在感，到了現在則必須以自由國際秩序崩壞為前提，轉換外交政策。

早在川普政府上臺前，安倍政府就意識到，保障日本自主權的必要性，並於二〇一五年通過《和平安全法制》，自此日本便能部分行使集體自衛權。然而，此舉增加了日美同盟中，日本的主體性，卻沒考慮到美國不重視日美同盟的可能性。

安倍政府提出「俯瞰地球儀的外交」策略，處理至今尚未確定的「後冷戰」時代主體性，施政方向也積極朝這個目標推進。最具代表性的概念，就是「自由開放的印度太平洋（ＦＯＩＰ）[40]」這項倡議。

然而這也是基於自由國際秩序為前提的外交策略，並不具備透過實力改變國際秩序的能力。再者，對於中國透過一帶一路，向全球施加影響力，日本也無法有效與之抗衡。而且，基於對北方領土問題的重視，日本一直避免正面譴責俄羅斯偏離國際秩序的行為。

另外，面對川普政府挑戰自由國際秩序，並試圖將之瓦解的作為，日本政府認為維持日美同盟關係，共同對抗北韓與中國的威脅更為重要，因此並未像歐洲一樣，對美國提出譴責。

利用四方安全對話強化供應鏈

安倍政府提出的「自由開放的印度太平洋」構想，被川普政府國務卿提勒森採納，並成為川普政府的亞洲外交基本方針。

上述情況的背景可以回溯到二〇〇五年，二〇〇四年底發生印度洋大地震後，日美澳印四國攜手，促進東南亞各國穩定與重建。基於此次經驗，二〇〇六年就任的安倍總理提出，擁有共同價值觀的四國應展開合作，發揮主導建構印度太平洋地區秩序的作用。

二〇一二年安倍總理重新執政時，「自由開放的印度太平洋」這個構想再次浮出水面，其核心是以日美澳印四國為架構，也就是所謂的《日美澳印戰略對話

---

40 自由開放的印度太平洋／Free and Open Indo-Pacific

（Quad）[41]》。

另一方面，由於中國將南海視為「領海」，驅逐進入該海域的國家，而該構想也是為了保障航線暢通，該海域自由航行的機制。與此同時，川普政府領導下的美國，輕視自由國際秩序，甚至可能視同盟國為無物，因此該構想另一個預期的作用，就是將美國留在同盟架構中，與準同盟國澳洲和印度，一起綁進國際社會中。「自由開放的印度太平洋」的概念是一方面牽制中國擴張海權，不讓特定的國家擁有影響力，維持該海域的自由航行與經濟活動，同時對中國也抱持「開放」的態度。「自由開放的印度太平洋」並未設想將中國排除於外，既然約定維持自由開放的秩序，就必須將中國也納入其中。實際上，四方安全對話自二〇二一年起設置了工作小組，其作用不僅在海洋安全，更致力於加強半導體、電動車的電池、醫療用品、稀土等領域的供應鏈。

川普政府通過「自由開放的印度太平洋」構想後，日本外交也以該構想為軸心，展開新的戰略。目前該戰略還在進行中，很難評估究竟產生多大程度的成果，但至少能夠肯定的是，日本、印度和澳洲三國的關係將更加強化，而在這個戰略的架構中，與美國的同盟關係也得以維持，並未出現重大的破裂。

成立跨太平洋戰略經濟夥伴關係協定不是為了「圍堵中國」

另外，《跨太平洋戰略經濟夥伴關係協定》因美國宣布退出而面臨崩潰，日本也發揮領導力，將其重新建構為《跨太平洋夥伴全面進步協定（CPTPP）[42]》，藉此達成共識並使之生效。外界評論《跨太平洋戰略經濟夥伴關係協定》是「中國包圍網（將中國排除在外的貿易圈）」的架構，但實際上主要是因為二〇〇〇年，杜哈回合貿易談判（Doha Development Round）[43]一直沒有進展，世界貿易組織也未能建立起國際經濟秩序。打造環太平洋地區高標準的自由貿易圈，促進自由貿易更進一步發展，即是當時的首要目標。若是中國加入談判，

---

41 日美澳印戰略對話，又稱四方安全對話／Quadrilateral Security Dialogue

42 跨太平洋夥伴全面進步協定／Comprehensive and Progressive Agreement for Trans-Pacific Partnership

43 加盟WTO約一百六十國共同討論貿易自由化的多邊通商談判，二〇〇一年在卡達杜拜國會宣布。／Doha Development Round

可能會為了配合中國的低標準，使得自由貿易的品質受到損害。

隨後，看到CPTPP的成功，中國也主動申請加入。從地緣經濟學的角度來看，此舉使得日本握有中國加入的否決權（新成員加入必須既有成員國一致同意），亦即有立場敦促中國，必須遵守貿易慣例及進行國內改革，直至符合CPTPP的規範。

隨著美國退出，國際經濟秩序也轉為崇尚「本國優先」，日本不僅守護住了自由貿易體制，也獲得讓中國改變國內體制的潛在影響力，可說是一場地緣經濟學上的逆轉。另外，日本也與歐盟簽署《日歐經濟夥伴協定（EPA）[44]》。對日本而言，維護自由貿易攸關國家存亡，因為國內資源匱乏，糧食也依賴進口。因此日本堅信，就算美國偏離自由國際秩序，促進自由貿易既符合日本的利益，同時也是為了維護國際秩序的原則。

從日本國內的情況來看，一九九〇年代為了保護農業，對於簽署雙邊或多邊自由貿易協定（FTA）[45]都抱持消極的態度，但目前的外交政策已經有了重大改變，過去三十年來一直是保護對象的農業，規模進一步萎縮，歷經數次農政改革，並確立單一議席選區制度，種種行政改革實現了日本內閣主導的外交政策，國內政治轉換的原因，牽涉到多項要素。但同時也可以說，過去三十年來，日本在國際社會找到自己的地位，也在自由國際秩序中發揮主導作用。

那麼，面對日益不穩定的自由國際秩序，日本是否能夠為其帶來某種形式的穩定，使制度能夠體現自由主義經濟與民主主義等價值觀和規範，並讓各國都承諾遵守這些價值觀和規範？我想不管是維持自由國際秩序，或是提倡一個取而代之的新制序，都不是單憑日本一國可以實現的目標。

第二次世界大戰後國際秩序的形成過程中，也不是美國獨自領導西方各國，建立起自由國際秩序。美國透過招攬合作者，幾經妥協才創造出各國認可的價值觀和規範，進而建立起聯合國和ＧＡＴＴ－ＩＭＦ[46]等組織。

44 經濟夥伴協定／Economic Partnership Agreement
45 自由貿易協定／Free Trade Agreement
46 締結ＧＡＴＴ（關稅暨貿易總協定／General Agreement on Tariffs and Trade）和設立ＩＭＦ（國際貨幣基金組織／International Monetary Fund），從貿易和貨幣兩方面推動自由貿易。

當然，在此過程中與蘇聯的關係惡化，並導致蘇聯不認可這些價值觀和規範下，創建了「東方秩序」，但此舉最終加強了「西方秩序」的團結。

當前的國際局勢中，倘若日本想取得主導地位，就必須與價值觀和規範「志同道合（擁有相似的價值觀）」的各國加強合作，並且再次確認聯合國、亞太經濟合作會議（APEC）[47]、東亞峰會或亞歐會議（ASEM）[48]等多邊架構內，是否都認可相同的價值觀和規範。在這過程中，與同樣認可自由價值的歐洲合作就變得極為重要，但英國退出歐盟，加上匈牙利、斯洛伐克的民粹主義國家，使得局面各加混亂，一直無法達成共識。

更進一步來說，日本唯一的盟友，本應擁有共同價值觀和規範的美國，卻背棄了自由國際秩序，日本很難找到志同道合的盟國。

現行自由國際秩序，已經被不認可其價值觀和規範的國家主導，想維持現狀幾乎不太可能。但是，即使自由國際秩序遭到破壞，總是會有重建的機會。在那個時候，發揮領導力、站在最前線，構築出新自由國際秩序，可以說就是日本肩負的重任。

後冷戰時期這三十年來，日本不斷增加外交政策的選項，以價值觀作為基礎來推動外交戰略。幾經磨練而累積的外交能力，為關鍵時刻的到來做好準備，才能真正扮演好「肩負自由國際秩序重任」的角色。

日本承擔的責任

「平成」時代的三十年間，可以說是日本面對後冷戰時期充滿不確定性的秩序，不斷調整外交主軸、彈性應對的一段過程。「後冷戰」初期所做的各種嘗試，雖然擴大了日本的選擇範圍，但仍不足以轉化為獨立行動。

亞洲金融危機發生於泡沫經濟崩壞之際，日本體認到以經濟實力為主軸的外交策略，發揮效果的程度有其界限。民主黨政府也在混亂的局面中，試著找尋自己的定位，到了安倍政府上臺後，具備採取積極作為的條件已齊全，此時日本可以在遵

47 亞太經濟合作會議／Asia-Pacific Economic Cooperation
48 亞歐會議／Asia-Europe Meeting

守自由國際秩序的價值觀與規範的同時，還能在關鍵時刻到來時，肩負起重新建構國際秩序的重任。

二〇二三年，亦即俄羅斯入侵烏克蘭一週年，日本擔任G7主席國，岸田總理邀請澤倫斯基總統參加廣島峰會。日本等肩負國際秩序重任的已開發國家，也強烈表達支持烏克蘭的意願。

另外，G7和歐盟，以及印度和韓國等受邀的八國首腦，都造訪了廣島和平紀念公園內的原爆資料館。在俄羅斯威脅將使用核武之際，從真正遭受核災的廣島向世界發話，可以說是真正體現「自由國際秩序」的存在意義。

三十年來，日本外交突破了以往的限制，在國際社會上占有一席之地。但是，該進展終究是以自由國際秩序為前提，也就是說日本只能在這個架構內發揮作用。

今後，「本國優先主義」持續蔓延，國際社會也變得不再遵守規則，使得日本的外交政策勢必要再一次做出改變。

日本始終都是自由國際秩序的旗手，長期以來支持這項秩序，等到主導自由國際秩序的美國意識到，必須重新建立秩序時，日本必定會成為比過去更加強大的合作夥伴。目前，日本正致力於與拉丁美洲國家簽署自由貿易協定，並且也考慮與南方共同市場（MERCOSUR）[49]簽訂巨型FTA[50]。美中兩國背離自由貿易的局勢中，日本政府傾力基於規則建立國際秩序。對於沒有自然資源，失去貿易夥伴就無法運作的日本而言，安定的國際秩序存在與否，是一個攸關生死的問題。這也是為什麼要了解資源和貿易的動向，以及作為一切根基的國際秩序，其未來的發展趨勢，同時也是本書一直講述的道理。

日本必須找出，有志於共同維護自由國際秩序的同盟國，並與其合作，等到背離秩序的各國回歸自由國際秩序架構內，或是在新興且穩定的秩序出現之前，肩負起維持國際秩序的重任。

---

49 南方共同市場／Mercado Común del Sur, Southern Common Market

50 複數國家參與的自由貿易協定

終章

從資源、戰爭、貿易等視角掌握世界全貌

對談
細谷雄一（慶應義塾大學法學部教授、地緣經濟學研究所歐美組組長）
鈴木一人

為何國際社會的根基開始動搖？

鈴木　本書結語邀請到地緣經濟學研究所的同事，同時也在慶應義塾大學法學部授課，專門研究國際政治史和外交史的細谷雄一教授，與我一同進行討論。

細谷　請多指教。

鈴木　每次和細谷教授對談，都讓我深受啟發，腦中會浮現許多新想法，總覺得好像參加一場爵士樂演奏會（笑）。接下來用當前的國際局勢，如地緣經濟、國際秩序的未來當作橫軸，再以細谷教授擅長的國際社會發展史變遷作為縱軸，希望藉此勾勒出「世界全貌」。

細谷　鈴木教授專門研究國際政治經濟學，也就是政治與經濟的綜合領域。雖然名為政治經濟學，但學術界長期以來都將政治與經濟分開討論。隨著導入資源、能源和技術等因素，複雜的國際局勢使得政策領域牽涉得更加廣泛。因此，從國際政治的觀點來看，不能只關注各地區的歷史、政治和經濟，而是必須掌握世界整體各地區之間的互動。

正因如此，鈴木教授不同於國際政治的地區專家及經濟專家，他能夠以更廣闊的視角看待世界。鈴木教授擅長掌握世界各地發生的重大事件，以及衍生出來的連鎖反應，無論是俄羅斯與烏克蘭的戰爭，還是以色列對加薩走廊的襲擊，以及重大事件對貿易的影響。在業界被視為「能夠講述世界一切的男人」（笑）。

鈴木 不不不，您過獎了（笑）。首先，從全球局勢來看，我想先提出一個重要的主題，究竟什麼是國際社會的基礎？也就是當「國際秩序」正處於動盪不安的局面，特別是本應作為國際秩序中心的美國，無論是共和黨或民主黨執政，世界局勢都明顯處於不穩定的狀態。對於現今美國的動態，不知道細谷教授您如何看待？

細谷 我認為，當前美國之所以不斷違背對國際社會的承諾，一個重要的原因是國際局勢日益複雜。相較於三十年前冷戰時期，衝突結構就顯得十分單純。

從國家層面來看，就只是美國和蘇聯的衝突，而以意識形態來看，則是資本主義和共產主義的衝突。一般認為有點像是當年的好萊塢電影，好比世上存在著正義與邪惡，美國總是站在正義的一邊，打敗邪惡的蘇聯帝國。電影《捍衛戰士》（一九八六年上映）在二〇二二年發布續集《捍衛戰士：獨行俠》時，《捍衛戰士》這部電影雖然將敵方戰鬥機的國籍設定為不明，從電影中可以發現，很明顯是以蘇聯製造的戰鬥機作為原形。

因此，冷戰時期的世界，可以用一張非常易懂且簡單的「局勢圖」來表達。然而，當今國際政治，很難分辨誰是敵人、誰是盟友。有人說中美衝突「愈演愈烈」，但並不能斷定中國就是敵人。不管是美國還是日本，都和中國有著密切的貿易往來，而且至今民間仍然保持緊密的經濟關係。

至於俄羅斯，二〇一四年侵略克里米亞後，確實被逐出G8之外，二〇二二年入侵烏克蘭後又受到經濟制裁，但美國和日本也並未與俄羅斯直接交戰。

許多全球南方（Global South）國家十分重視與俄羅斯的雙邊關係，烏克蘭戰爭爆發後的兩年間，依舊從俄羅斯進口原油和天然氣，且進口量增加的國家也不在少數。

鈴木 確實如此，印度自詡為全球南方的領導者，在日美澳印安全架構下的「四方安全對話」當中，與其他三國的對中立場一致，但對俄羅斯的立場卻並非如此，自從對俄制裁發動後，印度甚至大量進口俄羅斯能源。

細谷 的確，現今的世界已無法用「正義與邪惡」二元論來解釋，而是處於一個複雜的狀況中。

隨著世界變得愈來愈複雜，民眾也愈來愈難理解該如何參與其中，進而導致國內政治興起了民粹主義和陰謀論。美國變得愈來愈保守就是一個典型的例子，像是近期投入大量資金援助烏克蘭，就很難對民眾說明「為什麼要將納稅人的錢，拿去給外國使用」。

如此一來，國家內部可能導致世界觀簡化，陰謀論因此大行其道，或是本國優先的民粹主義抬頭，整個國家愈來愈保守，並抵制、厭惡對外交流。

我相信這種情況不僅發生在美國，就連歐洲或日本的部分人群也有所體悟。

世界局勢愈是複雜，國內政治愈是單純

鈴木 細谷教授剛剛提及「世界局勢變得愈來愈複雜，而國內政治卻愈變愈單純化」，實際情況也不相上下，從結構變化上來看，政治與經濟重疊帶來的影響，我認為有兩個面向，其中一個影響就是本書闡述的「將經濟化為政治武器」，另一個則是「社會分化」。

迄今為止，無論在學術上或現實中，政治與經濟都是分離的。不管政治變得多複雜，經濟仍舊相對單純。好比「在低成本的地區製造，然後高價出售」。因此，就算是某種程度上敵對的國家，或是限制自由和人權的威權國家，一般還是會與其貿易或進行投資，只要能賺到錢就好。說起來，這就是所謂的全球化，而能夠維持這種情況，最根本的前提則是「政治不得介入經濟」。

這就是為什麼我一直專注研究，政治與經濟之間的少數交集，以及例外相接的

部分。例如，日本和美國之間的貿易摩擦、經濟制裁等，這些事件直到最近，都被視為極為例外的案例。

然而，現今政治和經濟已經完全融合在一起了。

當世界經濟環境的聯結日益緊密，會發生什麼事呢？儘管美中之間存在政治衝突，但兩國在經濟層面的聯結依然牢固。如此一來，就形成彼此互相握住對方弱點的情況，美國沒有中國就無法生存；中國沒有美國也無法生存。

國際政治的傳統觀點是，相互依存的狀態會減少政治摩擦的發生，也不會發生戰爭。但實際上，這種情況反而讓人覺得「若是切斷某些部分的經濟關係，可能會造成對方損害」。一些國家開始相信，以經濟作為武器，切斷或隔絕兩國間的部分關係，應該能夠有效在政治層面將對手逼入絕境，削弱其實力並施加壓力。

這並不是川普政府開始的手段，但卻是一種川普總統現象。想對敵人施加政治壓力時，可以用經濟作為武器，該手法也有愈來愈多國家使用。政治與經濟日益融合的結果也受到川普總統的影響。

細谷 川普政府最初實施的政策，是提高中國的進口關稅。為了對抗中國而提高關稅，最終導致美中貿易衝突。

鈴木 兩國衝突後續升級為智慧財產權、技術和半導體方面的鬥爭。以半導體為例，美國為了阻止向中國取得半導體製造設備，要求製造設備供應商所屬的日本與荷蘭兩個國家，不得出口該設備給中國，種種措施都將第三國捲入其中。

但是，如此施加壓力，並不會讓美中經濟關係完全停止。這也和美蘇冷戰時期不同，如今在考慮國與國錯綜複雜的關係時，不能只看政治和外交，還必須考慮到經濟面的關係，其影響也更加複雜。我們愈來愈難以理解，什麼地方發生了什麼事，對自己會產生多大的影響，這正是地緣經濟學的論點。

這也與細谷教授剛才說的相呼應，世界變得愈來愈複雜，國內的討論卻極度單純。多數民眾相當重視，簡單來說就是「我有沒有工作」。川普總統將中國當作制裁目標也是一樣的道理，經濟全球化造成資本流動，原本在美國的工廠都轉往中國。或是本來在美國國內製造的產品，都轉向中國製造再進口，這就導致美國失去工作機會。

隨著全球化經濟活動帶來國內社會變化，一般愈來愈常用「贏家和輸家」這種單純的方式，看待社會的分化。政治和經濟日益融合產生的第二個影響，我認為正好與民粹主義有關。

從美國勞工的角度來看，自己一直辛苦工作，但是資本家為了自己賺錢，把工作機會轉移到其他國家，自己因而失業。但是，「為什麼我們要遭受如此悲慘的苦難？」憤怒和不滿催生出民粹主義，導致勞動階層更容易接受單純的陰謀論。全球化不僅加劇了經濟差距，更促使社會分化更加嚴重。

當社會分化狀況與科技連結後，更得以廣為傳播。隨著通訊技術發展，社群網路變得普及，假新聞也甚囂塵上，甚至發展出利用AI捏造事實的深偽技術。通訊技術發達當然有許多正面影響，另一方面也催生出真偽交雜的假新聞、惡意散布的謠言氾濫，社會分化為之加速，國際政治也跟著更加複雜。

安理會常任理事國的俄羅斯發動侵略

細谷 國際秩序之所以變得更加複雜，是因為國際秩序的基礎逐漸崩潰造成的現象。

為什麼基礎會開始崩潰呢？我認為有幾個原因，首先要從前提說起，例如日本認知的國際秩序是，「透過共同創造最低限度的國際規則和國際組織，以最大公約數為基礎來建立」。大學國際政治課程中，最先講授的「國際秩序」具體實例，就是像聯合國這種形式的國際公共財。

從本質上來說，國際社會在某種面相上是不平等的，以權力為基礎建立而成。聯合國雖然規定所有會員國，基於國際法應一律平等，但實際上，有些國家並未受到平等對待。

舉例來說，常任理事國包括美國、英國、法國、俄羅斯、中國這五個國家，在聯合國安理會都擁有拒否權，也就是少數國家獨占這股巨大的權力。另外，雖然沒有公開表明，但是在核武不擴散條約制度之下，有些國家仍舊能夠擁有核武。

常任理事國之所以享有特權，是因為他們肩負著維護國際社會和平與安全，亦即維護國際秩序的特殊責任與負擔。

然而，二〇二二年二月二十四日，擁有特權和特殊責任的俄羅斯，卻對烏克蘭發動軍事入侵。也就是說即使只是常任理事國的一個國家，發動大規模的軍事行動，其他國家也無法維護國際法的合法性和正當性。因此，一百四十個聯合國會員國，在聯合國大會特別會議上，投票通過譴責俄羅斯的決議，見這現況著實叫人感到震驚。俄羅斯入侵烏克蘭一事，終於讓更多人意識到「國際秩序正在逐漸崩潰」。

鈴木　確實如此，直到二〇二二年二月，國際社會最主要的規則是「主權國家之間不發動戰爭」。當然，世界各地都會發生內戰和衝突，但至少在第二次世界大戰之後，上述的基本認知仍保持不變。

正因為有不得以武力奪取外國領土、不干涉內政、和平共處等規則，自由貿易才能以此為基礎成立。

第二次世界大戰以前的戰爭，目的是為了獲取他國的資源和市場。正如日本在參與第二次世界大戰前，也受到美國實施石油禁運的制裁一樣，由於無法取得石油對日本是攸關生死的問題，最終不得不訴諸武力。

各國從二戰中汲取教訓，紛紛降低關稅，將政治與經濟分別看待。多數國家試圖創造出能夠自由進行貿易，無需動用武力也能打入市場、獲取資源的狀態，這也是國際社會共同追求的理念。一九四五年開啟國際社會達成共識的規範，也就是所謂「一九四五年共識」。

細谷 這就是我們所認知的「國際秩序」。

鈴木 是的。然而，俄羅斯無視戰後國際協議，入侵了烏克蘭。就像回到十九世紀，俄羅斯帝國厚顏無恥擴張領土的作為一樣。泱泱大國俄羅斯作為常任理事國之一，本應維護國際秩序，卻摒棄一九四五年共識，不願肩負維持國際公共財的責任，從入侵烏克蘭那一刻起，就已形成決定性的證據。

細谷　俄羅斯的侵略行為，確實為全世界帶來巨大的衝擊，這是不爭的事實。但是，以規則和協議為基礎創建的國際秩序，逐漸崩潰的主要原因，在於「擁有特權的國家濫用特權破壞國際秩序」，而該作為並非始於俄羅斯。

有些事很難說得清楚或給予評價，其實最初濫用特權、破壞秩序的國家是美國。具體來說，就是一九九九年介入科索沃戰爭一事。訴求科索沃獨立的阿爾巴尼亞勢力，和反對獨立的塞爾維亞勢力之間的衝突，國際社會介入嚐試調停未果後，北約以「人道危機加劇」為由，對塞爾維亞全境，包括科索沃境內的軍事目標和經濟基礎設施進行空襲。

科索沃後來成功獨立，但過程中美國在聯合國安理會未通過決議的情況下，以解決紛爭為由動用了武力。

對於美國此舉，存在著國際法層面的爭議。九一一恐怖攻擊後，美國入侵阿富汗，雖然就理論上來說並不符合邏輯，但勉強還能說是單獨自衛行動。然而回到科索沃衝突的話題，當時由於俄羅斯反對介入，因此美國並非基於聯合國安理會決議，為了集體安全而動用武力。

另外，再說回到美國，以「擁有大規模殺傷性武器」為由發動伊拉克戰爭，此舉是否具備國際法的合法性，也留下了爭議。

鈴木 就科索沃問題而言，可以藉由一九四五年共識之中，「人道」這項要素來找到理由，讓美國的介入還停留在國際秩序的框架中。但是說到伊拉克戰爭，確實很難找到一個說得過去的道理來支持。

細谷 美國出於使命感和正義感，在必要時動用軍事力量，可以說像是走鋼索的行動，最終遭到國際社會批評也是事實。

說到「走鋼索」，現在的中國也是一樣，為了擴張南海的領土和勢力範圍，實施軍事行動。雖然行使軍事力量的程度不像美國那般強硬，也就是其行動不斷遊走在灰色地帶，企圖規避國際社會的批評。像美國和中國都是常任理事國，利用常任理事國的特權，謀取自身的利益。雖然衝突程度與規模不盡相同，但我認為俄羅的所做所為，同樣也是為了謀求國家利益。

「怪物」存在帶來的團結

鈴木 美中俄三國的種種行為，可謂是「將國際公共財私有化或個人化」。國際公共財不僅是規則和國際組織，還包括通訊衛星、海底電纜和貨幣等。然而，美國卻利用美元對伊朗和北韓施加制裁。當然，這麼做的目的，是為了維護一九四五年共識當中的核不擴散原則，勉強可以算得上是共識架構內的作為，而俄羅斯時不時展現出動用核武的態度，此舉無異是違反了共識。

細谷 我認為俄羅斯侵略烏克蘭，可以說是改變遊戲規則的行為（大幅改變國際社會架構和動向）。

鈴木 一九四五年共識打從我們出生就已存在，當中許多要素，現今已經明顯處於崩潰狀態。國際公共財、世界貿易組織和聯合國也都無法發揮作用，會員國當中握有實力和特權的國家，都以本國的利益作為最優先考量，逐漸將國際組織私有化。原本應該以規則作為基礎的國際秩序，也開始轉變為大國透過武力制訂秩序的趨勢。

細谷　特別是川普總統前總統想把國際公共財私有化的意圖明顯，或是說他一開始就不願意耗費美國的資源來維護國際公共財。至少可以說，他的確抱持著「不想再為此花錢」的意圖。美國、俄羅斯和中國，正在「合作」破壞國際秩序，即使他們認為自己本意並非如此，這難道不就是現今國際社會不穩定的主要原因嗎？

假如川普總統再度當選總統，很難想像國際公共財和國際秩序會如何演變。

然而，美國、俄羅斯和中國，原本都是帝國主義國家，我認為他們的行為往往是基於國內因素，而不是遵循外部規則。反過來說，想要透過外部協議來約束美中俄這三個國家絕非易事。

所以，鈴木教授所說的一九四五年共識，真的是一場奇蹟般的協議。當時美國奉行孤立主義，背離國際社會，甚至國會不曾批准加入國際聯盟；中國在清朝滅亡後，不僅遭受日本入侵，國內持續處於群雄割據的內戰狀態；而俄羅斯在十九世紀參與策劃歐洲的合作，最終卻成為蘇聯這個革命國家，對於西方主導的國際社會表現出厭惡。這些國家在一九四五年，可以團結合作制訂出《聯合國憲章》，簡直是貨真價實的奇蹟。

那麼，上述奇蹟似地團結是怎麼實現的呢？最主要的原因，就是希特勒這個「怪物」的存在。當時各國研判，若是不團結起來對抗世界上「絕對的惡」，自己的國家就會面臨生死存亡的險境。為了對抗希特勒這個壓倒性的「惡」，國際社會的利害關係達成一致，並在戰後建立一個體制以免重蹈覆轍。

鈴木　尤其是二戰期間，納粹德國發動大屠殺之後，至少各大國都開始意識到，「必須捍衛民族自決權和人權」。而且正是有了一九四五年的共識，以色列才能在一九四八年成功建國。

這個時代需要勇敢英明的領導者

細谷　一九四五年共識的核心是《聯合國憲章》，常任理事國在《聯合國憲章》的起草階段就參與其中，一九四四年敦巴頓橡樹園會議，制訂了該憲章的大綱。常任理事國建構戰後秩序的基礎，並不是受到他國的脅迫，而是出於自身意願而為。

國際法中有一句話：「條約必須遵守（Pacta sunt servanda，拉丁語）」。遵守自己同意的事項是最低限度的規則，常任理事國既然起草了憲章，自己本來就不應該違反。

當然，冷戰時期也存在著衝突結構，美國、蘇聯（俄羅斯）、中國三國步調並不一致，都以本國的利益為重，但還是做出一定的貢獻。但是在最近這十年局勢有了變化，二〇一四年俄羅斯入侵克里米亞就是一例，自從二〇一〇年代以來，美中俄已經開始嚴重破壞協議的約束。

上述情況不僅與世界潮流或歷史、文化背景有關，我相信也和國家領導的個人特質有很大的關係。柯林頓時代和川普總統時代的美國完全不同；胡錦濤時代和習近平時代的中國也大不相同；葉爾欽和普丁統治下的俄羅斯也是如此。

我想造成當前局勢的原因，既與歷史巨輪趨勢的普遍因素有關，也與國家領導個人特質的偶然因素相關。

鈴木　不愧是細谷教授，我一邊聽一邊想著，身為歷史學家對世界觀的見解，果然不同凡響。當然，除了時代的變化，個人特質也是帶來深遠的影響。憑藉一九四五年共識成功建國的以色列，對加薩發動不亞於種族滅絕的攻擊，不僅是歷史因素導致的必然結果，與右派政黨結盟，並領導著以色列的納坦雅胡政府，也是極為重大的因素。

細谷　暫且不論中國和俄羅斯，為什麼美國、以色列，仍至於其他民主國家，都希望能出現一位強而有力的領導者呢？回到一開始的話題，原因應該就是「世界變得愈來愈複雜」的關係。因此，一般渴望一位強大的領導者，能用淺顯易懂的話語來闡述世界局勢，但諷刺的是期待，反而使得世界更加複雜。當前的混亂局面，是日益複雜的世界政治與國內政治，相互影響造成的結果。

美中俄三大國都不願為國際秩序承擔責任

鈴木 目前負責維持及保護國際秩序的美中俄三國，都摒棄了自己的責任。另一方面，坊間常聽到一句話說：「中國和俄羅斯正在挑戰現在的國際秩序」。特別是對於中國，很容易被認為是「想要獲得比美國更強大的權力」。但是從現狀來看，我反倒不認為「中俄想與美國對抗，爭奪霸權之位」。

掌握霸權簡單來說，就是自己建立一套國際秩序，然後有效施加影響力來掌控局面。若是無法在國際社會上，創造出對本國有利的環境，並讓他國遵守規則，就稱不上真正掌握霸權。

而且，掌握霸權需要耗費龐大的成本。二戰後，美國為了擴展「美利堅治世（Pax Americana）」，在日本、韓國以及歐洲各地設立美軍基地。與過去的帝國透過殖民地統治，全面掌控全球不同。美國採取的是掌握世界戰略據點，並施加影響力的方式。政治學者邁克．伊格納蒂夫（Michael Ignatieff）稱之為「輕帝國（Light Empire）」。

然而，雖說是「輕帝國」，也得付出相對的成本。正因如此，川普總統才會說

「不再奉陪」。他要求北約成員國增加分擔費用，並直接向盟國表明：「美國不會再幫忙，你們自己出錢保護自己。」

如上所述，美國正逐步縮減作為霸權國的角色，並不再積極參與國際社會。但是這並不代表中國或俄羅斯將掌握霸權，並重塑國際秩序。

雖然俄羅斯入侵烏克蘭，但要進一步攻擊摩爾多瓦（Moldova）、波羅的海三國甚至波蘭，無論怎麼看都極為困難。更不用說進軍北美大陸，與美國正面對決並取得勝利，恐怕連普丁總統也不會這麼想。光是與烏克蘭開戰，俄羅斯就付出沉痛代價，想掌控烏克蘭全境更是困難重重。恐怕俄羅斯完全沒有打算，更進一步擴大勢力範圍，按照自身的意志重塑國際秩序，甚至構建、提供國際公共財。

細谷　應該說，俄羅斯正在倒行逆施。

鈴木　沒錯。如果俄羅斯真要掌握霸權並重塑國際秩序，就不會以武力公然侵略鄰國。俄羅斯展現出的行為，只是對領土赤裸裸的野心。反而更像是傳統帝國主義，企圖透過擴張來擴大領土範圍。

另一方面，中國確實提出了「人類命運共同體」這個看似偉大，但意義模糊的國際秩序概念，具體想要做什麼，讓人摸不著頭緒。

一帶一路曾一度被冠以宏偉的霸權戰略，但就目前局勢來看，與其說中國試圖掌握霸權，實際上只是想「把國內過剩的資金撒向各地」而已。二〇一七年，一帶一路的投資額達到頂峰後便開始減少，斯里蘭卡的經濟危機正是最具代表性的例子，中國大舉放貸，不加篩選投入資金到各地，但最終卻都成為呆帳，使得自身陷入困境。說實在的，就只是一場失敗的融資操作。

中國想侵略台灣的野心自然不在話下，對於南海、東海等鄰近區域也懷抱野心，然而超出這些範圍的地區或更大規模層面上，中國並未創造新規則，也看不出試圖掌握霸權，努力建立新秩序的跡象。也就是說，現階段美中俄三國都不願意承擔維護國際秩序的責任。正如細谷教授剛才所說，作為大國應該站在維護國際秩序的一側，但美中俄都將自身利益放在第一位。不想負起責任，卻又希望在自身影響力所及的範圍，最大程度地為所欲為。

當前局勢下，值得慶幸的是，各大國之間並未相互侵害或干涉彼此的領土。雖然國際秩序的確動盪不安，但尚未發展成大國之間，赤裸裸爭奪領土和財富的情況。每個大國都只想在自己設定的勢力範圍內自由行動，同時也極力避免直接衝突。目前，美中兩國勢力範圍唯一重疊的地方是台灣。因此，該地方了潛在的熱點，台灣有事也成為議論的話題。反過來說，大國之間直接發生衝突的地點，恐怕就只有台灣了。

細谷 大國彼此不干涉，且都不願承擔責任，那麼今後國際秩序將會如何發展呢？

我和鈴木教授在研究所時期讀過一本書，是國際政治經濟學者羅伯特·吉爾平（Robert Gilpin）所著的《戰爭與世界政治變遷（War and Change in World Politics）》。

吉爾平指出，國際秩序的重大轉變，往往發生在世界大戰之後。鈴木教授提到的一九四五年共識，正是一個最大的例子。戰後的國際秩序之所以能達成共識，原因在於兩次世界大戰帶來的教訓，還有希特勒這種「絕對邪惡」的全民公敵存在。

另一方面，這個時代並未發生世界大戰，因此想要新重建立一套影響整個國際社會的新秩序，雖說並非不可能，但也絕非易事。

目前盡可能修正與修復受損的國際秩序。然而，就連這件事也十分困難。日本在二〇〇四年至二〇〇五年間，曾致力於推動聯合國改革，最終也是無疾而終。

秩序就是講求「恪守本分」

鈴木 話說回來，所謂「國際秩序」的「秩序」到底是什麼，這也是一個值得探討的問題。

秩序在英語中是「Order」，這個詞的概念就像棒球比賽中的「打擊順序（Batting Order）」，也就是按照順序排列，一之後應該是二，「萬事萬物皆有所屬」的狀態，這就是秩序的概念。

就上述的角度來說，至今為止，世界上都有類似國際法的規則，所有國家理應遵循規則來行動，各國也都約束在「理應」的架構中。像是「理應不發動戰爭」或「理應降低關稅，推廣自由貿易」，這些都是基於規則制訂的國際秩序。

然而，如今已經沒有共同認可「理應如此」的世界觀了。二〇一九年川普總統任內，在聯合國發表演說稱：「我們是主權國家。因此，美國會自力更生，其他國家也理應如此」，整場演講的主旨即是這樣。

實際上，中國也經常引用聯合國憲章，強調：「每個國家都擁有自己的主權，而主權是平等的，所以理應不該干涉他國內政」。

對中國而言，因為不想受到他國批評自己的人權和資訊環境，才會強調這套的邏輯，在拒絕美國干涉的同時，也以此為藉口不對他國伸出援手，總之就是利用「不得干涉他國內政」來為自己開脫。

那麼，若要說該怎麼重建國際秩序，我也沒有明確的答案。如細谷教授所說：「所有國家回到從前，再一次基於規則來建立國際秩序」顯得非常困難。即使局勢發展到最糟的情況，再次發生世界大戰，摧毀現有的一切，再從頭建立新秩序，在如今存在核威懾的世界更是不可能。

細谷　但是，我並不認為現在「什麼都做不了」，唯一能做的就是避免發生「最壞的情況」。例如避免發生核戰，這件事情到目前都還有預防機制，而且北約軍隊和俄軍也還沒陷入全面開戰的狀態。剛才雖然提到台灣有事的危機，但是在中美衝突的局勢中，若要問台灣是不是馬上會發生戰爭，現階段也還沒到那種地步。

要說現在究竟是什麼情況，若說一端是避免最壞情況發生，另一端則是大幅重塑新秩序，現實世界就在這兩端之間擺盪，一邊摸索一邊前進。現今的國際關係正處於高壓狀態，但只要不發生「最壞」的情況即可。實際上，我認為這也是最後的底線。國際社會已經在二〇世紀經歷兩次「最壞的情況」，我相信最底線的共識依舊還存在。

鈴木 確實是這樣。當然，俄羅斯入侵烏克蘭一事，已經打破了「最低底線」，以色列對加薩的攻擊也朝著類似的方面發展。正如先前所說，國際社會共同維護的秩序，愈來愈沒有公信力，說得更直接一點，現在的世界觀逐漸變成「活下來就是贏家」。

不過，說得明白一點，撇除俄羅斯和以色列這些行事極端的國家，大部分國家仍舊遵守國際秩序，基本上還是在規則內運作。日本也提出「自由開放的印度太平洋」構思，呼籲區域內利害關係一致的國家，遵循法治原則來行動。美國退出《跨太平洋戰略經濟夥伴關係協定》後，日本修改架構後推出《跨太平洋夥伴全面進步協定》，試圖維護自由貿易架構，保障其持續運作。

美國正逐漸和中俄一樣，傾向於憑藉實力來建立秩序，但日本並非如此。儘管日美是盟友，但兩國並未站在相同的立場。

相同的情況也發生在北約等國際組織，雖然大國都傾向靠實力建立秩序，但是像日本和歐盟各國等中小國家，則試圖維護基於規則制訂的國際秩序。對於「國際秩序理應如何運作」，各國共識的確逐漸瓦解，今後上述兩種秩序觀並存的狀況，應該還會持續很長一段時間。

我擅自將這種國際秩序稱為「枯山水秩序」（笑）。簡單來說，大國就像一塊巨石穩坐其中，其他國家就像細小的白砂，和諧地散落在巨石周圍。一旦發生什麼事，巨石就開始相互碰撞，周圍的地盤也可能為之牽動，但是在日常狀態下，則是各自安好，彼此之間並不會直接衝突。

眼前所發生的一切看似「動態的（Dynamic）」，實際上卻是「靜態的（Static）」。但即使說是靜態也不代表和平，總之就是雖有動盪，卻不至於徹底崩壞的感覺。

如何審時度勢？

細谷　正因為這是一個看似和諧，卻仍充滿不確定性的時代，因此確實可以利用網際網路和ＳＮＳ散布假消息、動搖他國認知。各位讀者在思考國際社會和自己的生意時，應該都會產生這個疑問：「到底該怎麼觀察來評估風險才好？」

實際上，我在各種場合，愈來愈多人問我這個問題。總之我都會回答：「成為地緣經濟研究所的會員最實在」……（笑）。

鈴木　這真是最完美的回答呀（笑）。

細谷　這話一半是玩笑，一半是認真。現在，無論是個人、企業或資訊本身，都已經被細分化（Atomize），過去每個人都會讀報紙，共享一定水準的資訊，但那樣的時代已不復存在。這個時代的人都是透過網路獲取資訊，資訊素養的落差也確實愈來愈明顯。

有些人能夠全面掌握資訊、避開風險，或者有些企業擁有人才；同時也有資訊不足的個人或組織，形成了極端的兩極。在世界變得更加危險，未來充滿不確定性的情況下，國家也逐漸喪失像過去那樣，以護送船隊帶領民眾前行的能力。個人與企業唯有不斷自我強化（Empower），才能應對挑戰。

那麼，該如何培養能力呢？當然，這世界並不是單純到，可以一句話就說：「答案在這裡」。世界瞬息萬變，每一天，來自各種媒介的新資訊，都需要有能力去識讀，而且假新聞和謠言也混雜於其中，因此透過網路自己去獲取資訊，本身就是一種危險的行為。

學校從未教導我們，該怎麼過濾和辨別網路上的資訊，只能靠個人、企業自行磨練資訊識讀能力。地緣經濟學研究所彙整地緣、資源各領域的專家提供的資訊，並加以分析再對外發布，應該可以提供一點幫助。

鈴木 您說得非常對，作為所長，我一直在等你這麼說（笑），實際上，「素養」正是地緣經濟學研究所最重視的詞彙。

先前討論過國際秩序的「理應」論，已經不再是各國共識的現象，也讓一般的認知產生動搖。「理應」這個世界觀驅動社會的時候，只要遵從規範，就不會犯下太大的過錯。既然有了國際規則，就能期待或預測世界「應該」朝哪個方向發展，從而更容易提前預測風險。接下來，就只要注意偶發的例外情況即可。

然而現在，有些國家無視基於「理應如此」這項規則，建立的國際秩序，而且握有強大實力的大國，「應該如此發展」的預測與期待，也履履受到背叛。「接下來會如何發展」就變得愈來愈不明朗。許多人曾認為「俄羅斯不可能動用武力侵略他國」源自於他們心中，對俄羅斯的定位，但實際情況並非如此。

既然如此，為了理解俄羅斯的行動，至少必須先再次理解，「理應」和「應該」並非絕對，再進一步去思考：「什麼樣的邏輯，會做出什麼樣的行動」。

如果不了解這種變化，遇到意料外的情況或疑問時，也會試圖將世界放入「理應」或「應該」的架構內，陰謀論的邏輯便有了滲透的餘地。如此一來，愈來愈多腦迴路簡單的人會這麼想：「俄羅斯理應如此，而且也應該如此，但實際上並非如此，這背後一定是美國深層政府（Deep State）在主導」。

但實際情況是，有些國家的行為已經偏離「理應」或「應該」的範疇，因此我們首先必須從現實狀況為出發點，認真檢視各國行動背後的邏輯。為此地緣經濟學研究所才會集結各地區的政治、歷史專家，以及經濟研究人員，進行調查與觀察，從多元的視角分析局勢，並將之公諸於眾。

不擅自認定調查對象「理應」如何，而是理解他們的邏輯，但是也不被過度影響，用客觀且多元的角度反覆分析、判斷狀況，這才是真正素養的表現。

細谷　最後好像有點變成在宣傳地緣經濟研究所（笑），不過還是一場意義深遠的討論。

鈴木 從國際秩序到個人素養，今天聊的話題十分廣泛，謝謝您。

〈細谷雄一 簡介〉

一九七一年出生，取得英國伯明罕大學研究所國際關係學碩士學位，慶應義塾大學研究所法學研究科政治學專攻博士課程結業。現任慶應義塾大學法學部教授，地緣經濟學研究所歐美團隊主持人。著有《戰後國際秩序與英國外交——戰後歐洲的形成1945～1951年》（創文社，三得利學藝獎）等多部作品。

細谷雄一先生（左）與我

後記

回想起來，我的研究似乎一直都在討論經濟安全。大學時期，正逢冷戰結束，以及歐盟馬斯垂克條約成立。當時，身為大學生的我也能感覺到，一個不同於以往的世界即將到來，未來將是經濟整合與國家分裂並存的時代。然而，在煩惱該如何將世界局勢，融入自己研究的過程中，我致力於研究歐洲整合問題。在博士課程中，我以歐盟架構之外的歐洲太空合作作為研究對象，逐漸隱約意識到政治、安全和經濟整合之間，還存在著關鍵的技術問題。

之後，在研究太空政策的同時，我開始關注政治、安全和全球經濟，再加上與技術相關的課題，學習出口管制、安全貿易管理和核子動力安全規範等問題，在此過程中，我獲得一個能夠學以致用的工作機會，進入聯合國伊朗制裁專家小組，以實踐者的身分參與經濟制裁問題的研究。隨著研究成果的累積，二〇二〇年左右，經濟安全問題成為全球焦點，經濟安全更與政治、國家安全和全球化經濟、技術的問題直接相關，我覺得過去的研究彷彿突然躍上時代的舞臺。

而且，二〇二二年公益財團法人國際文化會館，與《朝日新聞》前主筆船橋洋一先生經營的一般財團法人「亞太倡議智庫（Asia Pacific Initiative）」合併，在此過程中，衍生出一個經濟安全為核心議題的構想。這個智庫就是地緣經濟學研究所，而我也有幸擔任該研究所所長，自此不再是自己單獨研究，還和許多優秀的研究人員共同推動各種研究。在本書結語中邀請參與對談的細谷雄一教授，以及接任亞太倡議智庫總裁的神保謙先生等人，都是這個研究團隊的成員。我們攜手推動諸多研究專案，僅憑我個人之力絕對無法走到這一步，對於這一切，我至今仍感到難以置信。

其他，還有東京大學公共政策研究所的同事、地緣經濟學研究所一起研究的夥伴，或是在各種研究會上共事的專家學者們，想要感謝的一般數不勝數，無法一一列舉，在此就不逐一提名。但我始終認為，如今自己能夠成為一名研究者，都是受到這些人的幫助，因此內心時刻充滿謝意。

一般而言，書籍的製作過程是由作者撰寫，或是用寫好的文章添加、修正內容再彙整成冊。但是，本書的製作過程有點特殊，首先是我作為我提供文章、梶原麻衣子小姐協助編輯，再由PHP研究所的堀井紀公子小姐進行最終編輯，最後才完成這本書。

採用這種不同於常規的方式，完全是因為我自身繁忙，難以親自撰寫一本書，而梶原小姐與堀井小姐，都非常熱衷出版這本書。若是沒有她們的熱情，這本書恐怕無法問世。

話雖如此，但一切責任必須由身為作者的我來承擔。本書提出的觀點，皆是基於我針對經濟安全思考後的產物，而目的是將其彙整成一個有系統的論述。能否成功就交給各位讀者去判斷，但是在有限的時間中，我已經竭盡所能將所有想法融入其中。

最後，因為我總是頻繁出差而不在家，生活也極不規律，妻子紀子也為此受了不少苦，在此特地向她表達最深的謝意。

春末於東京謹記。

鈴木一人

參考文獻

序章

〈檢證經濟治略〉，《國際政治》第二〇五號（二〇二二年二月）

第一章

〈相互依存的陷阱——經濟武器化的潛在風險〉，《Asteion》（二〇二二年十一月）

第二章

〈對俄羅斯的經濟制裁究竟有多大效果？〉，《地緣經濟學簡報》（二〇二三年九月十九日）

〈聯合國伊朗制裁的有效性〉，《國際安全保障》（二〇二〇年九月）

〈波斯灣的安全保障與其發展〉，《國際問題》（二〇二〇年一、二月）

〈「論壇關鍵詞」【中東情勢的動向】——關注伊朗的「點」與「面」〉，《讀賣新聞》（二〇二四年一月二十五日）

第三章

〈作為地緣經濟學的半導體〉，《Voice》（二〇二三年七月）

〈美國與中國——圍繞半導體的激烈對立〉，《地緣經濟學簡報》（二〇二三年一月九日）

〈不可誤判美中對立的本質〉，《潮》（二〇二一年八月）

〈關於日本的『經濟安全』絕對不能忽視的論點〉，《地經學簡報》（二〇二一年十一月二十二日）

〈從經濟安全角度探討自由貿易的困境〉，《KOMEI》（二〇二二年五月）

〈圍繞機密技術出口管制的諸問題〉，《治安論壇》（二〇一八年三月）

第四章

〈日本能夠成為自由國際秩序的支柱嗎？〉，《國際政治》（二〇一九年三月）

〈安倍前首相讓日本在地緣經濟學中確立的位置〉，《地經學簡報》（二〇二二年七月十八日）

〈面臨危機的聯合國——日本應發揮的關鍵作用〉，《潮》（二〇二〇年十二

月）
〈核燃料再處理問題——擱置的課題〉，與開沼博氏對談《Voice》（二〇二三年十一月）
〈作為經濟安全共同防禦體系的G7重要性〉，《地經學簡報》（二〇二三年五月一日）

作者簡介

鈴木一人

東京大學公共政策研究所教授、地緣經濟學研究所所長。

生於一九七〇年。立命館大學國際關係研究所碩士，英國薩塞克斯大學歐洲研究所博士（現代歐洲研究）。曾任筑波大學人文社會科學研究所專任講師、副教授，以及北海道大學公共政策研究所副教授、教授等職位。二〇二〇年十月起，擔任東京大學公共政策研究所教授。二〇一三至二〇一五年，擔任聯合國安理會伊朗制裁專家小組委員。二〇二二年七月，國際文化會館成立地緣經濟學研究所（ＩＯＧ）並出任所長。二〇一二年，憑藉著作《宇宙開發與國際政治》（岩波書店出版）榮獲第三十四屆三得利學藝獎。

編集協力——梶原麻衣子
圖表——齋藤稔（G-RAM）

Horizon 視野 016

不動用武器的戰爭：資源、貿易、數據，交織全球經濟大戰略

資源と経済の世界地図

作者　鈴木一人
翻譯　李建銓

明白文化事業有限公司

社長暨總編輯　林奇伯
責任編輯　楊鎮魁
文稿校對　楊鎮魁
封面設計　児日設計
內文排版　大光華印務部

出版　明白文化事業有限公司
地址：231 新北市新店區民權路 108-3 號 6 樓
電話：02-2218-1417　傳真：02- 8667-2166
發行　遠足文化事業股份有限公司（讀書共和國出版集團）
地址：231 新北市新店區民權路 108-2 號 9 樓
郵撥帳號：19504465 遠足文化事業股份有限公司
電話：02-2218-1417
讀書共和國客服信箱：service@bookrep.com.tw
讀書共和國網路書店：https://www.bookrep.com.tw
團體訂購請洽業務部：02-2218-1417 分機 1124
法律顧問　華洋法律事務所 蘇文生律師
印製　博創印藝文化事業有限公司
出版日期　2025 年 6 月初版
定價　480 元
ISBN　978-626-99653-0-4（平裝）
9786269932993（EPUB）
書號　3JHR0016

國家圖書館出版品預行編目 (CIP) 資料

不動用武器的戰爭：資源、貿易、數據，交織全球經濟大戰略 / 鈴木一人著 ; 李建銓譯 . -- 初版 . -- 新北市 : 明白文化事業有限公司出版 : 遠足文化事業股份有限公司發行 , 2025.06
面 ;　　公分 . -- (Horizon 視野 ; 16)
譯自 : 資源と経済の世界地図
ISBN 978-626-99653-0-4 (平裝)
1.CST: 國際經濟 2.CST: 國際貿易 3.CST: 地緣政治 4.CST: 經濟發展

552.1　　114004481